Kuschelig-weiche HÄKELTIERE

Widmung

Für Ali, meine beste Freundin, meine Seelenverwandte und das wahre Licht meines Lebens.
Claire x

CLAIRE GELDER

Kuschelig-weiche HÄKELTIERE

15 MAXI-TIERE AUS DICKEM GARN SCHNELL GEHÄKELT

Weltbild

Dank der Autorin

Mein herzlicher Dank gilt meiner Geschäftspartnerin Ali Gelder für ihre fortwährende Unterstützung auf all unseren kreativen Reisen, unserem Team bei Wool Couture, ohne das nichts von alledem möglich wäre, und David Greaves, der auf dieser Reise Tag für Tag an meiner Seite ist.

Ganz besonders danke ich auch

• Alison Holloway (hier auf dem Foto rechts von mir) für ihre Unterstützung und ihr Fachwissen, mit dem die ganze Bande rund um Mabel & Co. zum Leben erweckt wurde;
• Jacinta Bowie, der Mentorin meines Vertrauens mit außergewöhnlichen kreativen Fähigkeiten;
• unseren Investoren Tej und Touker, die sich als echte Gentlemen erwiesen haben, auf deren Wort Verlass ist.
• meinen pelzigen Familienmitgliedern Lottie und Skye, die jeden Morgen so munter erwachen; ihre Fröhlichkeit strahlt aus und macht dunkle Tage ein wenig heller;
• dem hinreißenden Verlagsteam, das Träume wahr werden lässt,
• und allen Menschen, die mich mit Ratschlägen und guten Tipps auf meinem Weg unterstützt haben.

Ihr seid die Besten!

Claire x

Titel der Originalausgabe: *Mable Bunny & Co. 15 loveable animals to crochet using chunky yarn*
Zuerst veröffentlicht in Großbritannien von Search Press Limited, Wellwood, North Farm Road, Tunbridge Wells, Kent TN2 3DR

Text copyright © Claire Gelder 2019
Photographs and design copyright © Search Press Ltd 2019

Bildnachweis:
S. 7: Jimmy La
S. 27 (unten), 53, 62 (unten), 66, 67, 69, 74, 80 (unten), 86, 91, 112, 121 (unten): Paul Bricknell
S. 1, 2, 3, 5, 6, 24 (Mitte rechts), 36-37, 38, 39, 40, 41 (oben rechts), 43, 45, 47 (unten), 48, 51, 55 (unten), 56-57, 59, 63, 65, 68, 71, 75, 77, 78, 79, 83, 85 (oben rechts), 87 (oben rechts), 89, 92, 93, 96, 97 (unten), 99, 101, 103, 104, 105, 106 (unten), 108, 109 (oben), 111, 113, 114, 115, 117, 119 (oben), 121, 123, 124, 125, 126, 127, 128: Stacy Grant
Alle weiteren Fotos: Roddy Paine Photographic Studios

Deutsche Erstausgabe

Copyright der deutschen Übersetzung: © 2020 Weltbild GmbH & Co. KG, Werner-von-Siemens-Str. 1, 86159 Augsburg
Übersetzung und Redaktion der deutschen Ausgabe: Helene Weinold, Violau
Satz: Joe Möschl, München
Umschlaggestaltung: Atelier Seidel, Teising
Druck und Bindung: Typos, tiskařské závody, s.r.o., Plzeň

Printed in EU

ISBN 978-3-8289-5697-1

Besuchen Sie uns im Internet:
www.weltbild.de

Inhalt

Touker Suleyman von Dragons' Den

Von dem Augenblick an, in dem Claire Gelder Dragon's Den betrat, wusste ich, dass sie in allem, was sie anfing, großartig sein würde: eine Frau mit Leidenschaft und Integrität. Claire und Wool Couture waren eine Investition, die ich mir nicht entgehen lassen würde.

Bei meinen geschäftlichen Entscheidungen geht es erst um Menschen und dann ums Geschäft. Claire und ihre Partnerin Ali sind das perfekte Beispiel für eine Partnerschaft hart arbeitender und zielstrebiger Menschen. Die beiden streben danach, außergewöhnliche Nischenprodukte zu produzieren und zu liefern und dabei den Kunden im Blick zu haben. Seit ich sie kennengelernt habe, haben sie ihr Unternehmen weit über all unsere Erwartungen hinaus vergrößert und weiterentwickelt.

Bei Wool Couture kommen ständig neue Ideen auf. Eine der interessantesten im Jahr 2018 war die Eröffnung des ersten Ladens mit Café. Tej und ich hatten das Privileg, der Eröffnung in Yorkshire zusammen mit mehr als hundert erwartungsfrohen Kundinnen beiwohnen zu dürfen. Es war eine Freude, die lächelnden Gesichter von Team und Kundinnen zu sehen. Das Geschäft hat sich inzwischen als echtes Erfolgsprojekt erwiesen: Die regelmäßigen Handarbeitstreffs gehören bei vielen zu den festen Terminen, und stets stehen hausgebackener Kuchen und Tee bereit. Wer weiß, wenn Claire und Ali so weitermachen, könnten zusätzlich bald ein paar Alpakas auf den Wiesen rund um den Laden grasen! Zumindest entdecken Sie aber sicher all die Tiere aus diesem wundervollen Buch auf den Regalen. Dieses erste Buch von Wool Couture, „Kuschelig-weiche Häkeltiere", lädt Häkelbegeisterte ein, eine ganze Menagerie von Tieren mit jeweils ganz eigener Persönlichkeit zu kreieren. Sie können nur ein einziges Tier oder die ganze Sammlung anfertigen. Schöne Stickereien und liebevoll ausgearbeitete Details verleihen jedem Tier eine ganz individuelle Note. Ich sollte es direkt selbst mal probieren …

Das Team von Wool Couture scheut keine Mühe, und ich bin stolz auf das beachtliche Wachstum der Firma. Ihr Erfolg basiert auf harter Arbeit und Hingabe an etwas, das vor ein paar Jahren nicht mehr als ein Traum war. Ich wünsche dem Team von Wool Couture weiterhin viel Erfolg auf dieser bemerkenswerten Reise und natürlich, dass Hase Mabel & Co. ihren Weg in alle Welt finden.

Dragons' Den (Höhle der Drachen) ist ein britisches Reality-TV-Format, bei dem Firmengründer ihre Geschäftsideen vorstellen und versuchen, Investoren – die „Drachen" – von ihren Konzepten zu überzeugen. Der deutsche Ableger dieser Sendung ist Höhle der Löwen. (Anmerkung der Übersetzerin)

Bild rechts (von links nach rechts): Touker Suleyman mit Hase Mabel, Claire Gelder mit Mini-Mabel und Tej Lalvani mit Drache Titi.

Tej Lalvani von Dragons' Den

Wir alle wünschen uns, in Erinnerung zu bleiben, aber nur selten spürt man schon beim ersten Zusammentreffen, dass ein Mensch etwas ganz Besonderes für einen werden wird. Dann sieht und hört man, was der- oder diejenige zu sagen hat, und ist überzeugt: Genau das passierte mir, als Claire im Jahr 2017 aus dem Aufzug in Dragon's Den trat und damit über ein paar Jahre hinweg eine bemerkenswerte Entwicklung für die unerschütterliche Claire, ihre Mitbegründerin Ali und das Team von Wool Couture begann. Dass Claire, die sich erst in einem Großunternehmen nach oben gearbeitet hat und später in leitender Funktion beim National Health Service tätig war, Geschäftssinn hat, ist unbestreitbar, aber auch sie musste im Leben manche Klippen umschiffen.

Sie erzählt ihre Geschichte ungeschönt und hebt dabei ihren Kampf gegen Angstzustände und Deprssion sowie den therapeutischen Wert des Handarbeitens hervor, das hilft, positive Energie zu bündeln. Dieser Weg mündete in die Gründung von Wool Couture.

Drei Jahre später ist Wool Couture ein ausgewachsenes und erfolgreiches Unternehmen mit Claire am Steuer und Ali an ihrer Seite. Das Online-Geschäft entwickelt sich weiter, das erste Ladenlokal ist eröffnet, wöchentlich kommen neue Produktlinien heraus, und das Ziel, den US-Markt zu erobern, ist nicht mehr nur ein Traum, sondern Realität.

Wool Couture hat eine besondere Beziehung zu seiner Kundschaft, die die Leidenschaft der Gründerinnen für alles rund um Stricken, Makramée, Häkeln und Weben begeistert teilt.

Das Team denkt stets an andere und versucht, weitere Handarbeitsfans zu erreichen. Weil nicht jede und jeder an Kursen vor Ort teilnehmen kann, um diese Techniken zu erlernen, vermittelt Claire die notwendigen Kenntnisse in Online-Kurse.

Sich selbst in einem Buch zu verlieren ist die ultimative Form der Entspannung, deshalb bin ich über die Bitte um ein Vorwort zur spannenden Welt der kuschelig-weichen Häkeltiere hoch erfreut. Dieses Buch, ein Glanzpunkt im Engagement von Wool Couture für das Handarbeiten, begleitet Häklerinnen und Häkler in leicht verständlichen, einfachen Anleitungen auf ihrem Weg zu knuffigen „Riesen-Amigurumis" – eine fesselnde Lektüre für alle, die Herausforderungen lieben.

Ich beispielsweise betrachte es als Ehre, ein Exemplar von „Kuschelig-weiche Häkeltiere" neben populären Klassikern im Regal stehen zu haben.

Meine erste Häkelnadel habe ich mit acht Jahren in die Hand genommen. Wir waren mit der Familie auf einer Reise in den Norden, als ich die winzige Häkelnadel und Garn erhielt und erklärt bekam, wie man in Runden häkelt. Ich erinnere mich nicht mehr an viele Urlaube aus meiner Kindheit und Jugend, aber dieses Garn und die Häkelnadel faszinierten mich: Ich weiß noch, dass ich auf einen Markt in South Shields ging und aus lauter Stolz auf meine Häkelnadel eine besondere Schachtel für meinen neu entdeckten Schatz kaufte.

Seitdem habe ich stets gehandarbeitet. Ich liebe das Stricken, Häkeln und Weben, Makramée und alles dazwischen. Handarbeiten ist für mich etwas ganz Besonderes, weil ich seit meiner Teenagerzeit unter Angstzuständen und Depressionen leide. Das Handarbeiten holt mich aus dieser Dunkelheit heraus, die ich spüre, und versetzt mich an einen ruhigen, friedlichen und sicheren Ort. Es ist mein eigener kleiner Platz – einfach magisch!

Das letzte Mal, als ich mich an einem sehr dunklen Ort befand, griff meine Therapeutin die Tatsache auf, dass ich viel häkelte. In jeder Sitzung sprachen wir darüber, was ich in der vergangenen Woche angefertigt hatte und wie ich mich daraufhin fühlte. Viele dieser Sitzungen habe ich weitgehend vergessen, aber ich erinnere mich daran, dass der Abschiedsgruß der Therapeutin jedes Mal lautete: „Bleiben Sie ruhig und häkeln Sie weiter!"

Während dieser letzten Periode der Dunkelheit gab ich meine leitende Stellung beim National Health Service auf. Ich wusste noch nicht genau, was ich tun würde, aber ich wusste, dass Veränderungen nötig waren.

Während ich mich langsam erholte, sah ich mich im Haus um und war überwältigt von der Menge an Projekten, die ich während dieser Zeit gehäkelt hatte. Meine andere Hälfte forderte mich auf, diese Stücke in andere Hände zu geben. Nach langem Überlegen beschloss ich deshalb, mein erstes Modell auf der Verkaufsplattform Etsy anzubieten. Am nächsten Tag ging ich gerade mit den Hunden spazieren, als ich eine Nachricht auf mein Smartphone bekam. Ich konnte es nicht glauben: Mein Schal war verkauft! Mein Selbstbewusstsein war zu jener Zeit auf einem Tiefpunkt, und so stand ich auf dem Feld und weinte. ich konnte nicht glauben, dass irgendjemand tatsächlich mein Modell moch-

te. Es war einfach ein hinreißendes Gefühl. Das war der Beginn von Wool Couture … Ein Schal führte zum anderen, dann fragten Leute nach der Anleitung, dann nach dem Garn und dann nach den Nadeln.

Im Jahr 2016 machten Ali und ich mein kleines Hobby ganz offiziell zu Wool Couture. Wir beschlossen, traditionelle Handarbeitstechniken wie Stricken, Häkeln, Weben und Makramée in moderne Material-Sets zu packen. Innerhalb von zwölf Monaten hatten wir mehr als 360 000 Pfund umgesetzt. Wir waren aus unserem Esszimmer in ein richtiges Geschäftshaus umgezogen und schlossen Verträge mit John Lewis und Urban Outfitters ab.

Dann beschlossen wir, uns bei Dragon's Den zu bewerben. Im Jahr 2017 stand ich den Dragons gegenüber. Es war eine nervenaufreibende Erfahrung, aber wir gingen mit zwei fantastischen Investoren, Tej und Touker, davon, die uns seitdem beim Aufbau unseres Unternehmens geholfen haben.

Bald nach meinem Auftritt bei Dragon's Den nahm der Verlag Search Press Kontakt zu mir auf und fragte, ob ich nicht ein Buch veröffentlichen wollte. Ich war, gelinde gesagt, begeistert … Es war ein Traum, mir vorzustellen, mein eigenes Buch herauszubringen, so wie die Bücher meiner Lieblings-Textilkünstler auf meinen Regalen zu Hause. Fantastisch!

Hier also ist unser erstes Buch. Ich hoffe, dass diese Häkelanleitungen und -projekte Sie an einen ruhigen, friedvollen und sicheren Ort bringen. Als unsere „Erstgeborene" hat die Häsin Mabel einen besonderen Platz in unseren Herzen hier und bei Wool Couture, und wir präsentieren Ihnen voller Freude Mabel und ihre vierzehn fabelhaften Freunde! Auf diese helleren, freudvolleren Tage!

Claire x

Claire Gelder vertreibt über ihr Unternehmen Wool Couture weltweit Material und Nadeln für verschiedene Handarbeitstechniken, unter anderem das voluminöse Merinogarn Cheeky Chunky und extradicke Häkelnadeln aus eigener Herstellung.
www.woolcouturecompany.com

MATERIAL UND WERKZEUG

Sie brauchen nur sehr wenig Werkzeug und Material, um zu breginnen. Dies ist die Grundausstattung:

Häkelnadel

Ich bin sicher, dass es auf der ganzen Welt Millionen von Häkelnadeln gibt, unter denen jede und jeder von uns spezielle Lieblingsnadeln hat. Unsere Hauptprojekte sind alle mit einer Häkelnadel der Stärke 8 mm gearbeitet. (Links ist diese Nadel in Originalgröße abgebildet.)
Die Babytiere sind mit Häkelnadelstärke 3,5 mm gearbeitet.

Material der Häkelnadel

Entscheiden Sie sich in erster Linie für das Material, aus dem die Häkelnadel besteht: Aluminium und Kunststoff sind besonders gebräuchlich, aber es gibt auch Häkelnadeln aus Gummi, Stahl, Bambus und Holz. Manche Materialien eignen sich für bestimmte Garne besser als andere. In unserem Team haben manche Häklerinnen für die Arbeit mit unseren Garnen Holzhäkelnadeln gewählt, während andere Kunststoff bevorzugt haben. Am besten probieren Sie aus, mit welcher Art von Häkelnadel Sie am besten zurechtkommen. Vielleicht haben Sie ja auch schon eine Lieblingsnadel.

Handhabung der Häkelnadel

Im Laufe der Jahre habe ich viele verschiedene Häkelnadeln getestet, und eine der wichtigsten Fragen lautet: Wie fühlt sich die Häkelnadel in der Hand an? Hat sie eine Griffmulde (dort, wo der Daumen ruht)? Ist der Griff bequem (dort, wo die Hand ruht)? Liegt die Häkelnadel gut in der Hand? Nur Mut zum Experiment! Ich erinnere mich, dass ich einmal eine schöne Häkelnadel gekauft habe, sie aber nach einigen Stunden wieder weglegen musste, weil ihre Unterseite nicht richtig in meiner Hand lag.

Füllwatte

Jedes Tier muss ausgestopft werden, und wir verwenden dazu speziell für Spielwaren geeignete Polyester-Füllwatte. Manche Leute verwerten jedoch das Füllmaterial aus einem ausgedienten, zerschlissenen Kuscheltier, abgetragene T-Shirts oder Pullover, aber diese Materialien müssen vermutlich in kleinere Stücke geschnitten werden, bevor man Tiere damit ausstopfen kann.

Sticknadeln

Wenn ein Projekt nahezu fertig ist, müssen alle Fadenenden vernäht werden. Wir benutzen dazu eine 5 cm lange Sticknadel mit großem Öhr (1,5 cm lang, 2 mm breit). Ich empfehle, eine Sticknadel mindestens dieser Größe zu wählen.

Pompons

Üblicherweise fertigen wir unsere Pompons auf traditionelle Weise an, indem wir das Garn um zwei Kartonringe wickeln. Aber Sie haben die Wahl: Es gibt eine große Auswahl an Pompon-Sets auf dem Markt, mit denen viele Menschen schneller und sauberer ans Ziel kommen.

Maschenmarkierer

Wir haben immer einen oder zwei Maschenmarkierer zur Hand. In den seltenen Fällen, in denen ich keine hatte, habe ich gelernt, die entsprechenden Maschen und Zwischenräume mit Büroklammern, Ohrhängern oder sogar nur Garnstücken in unterschiedlichen Farben zu kennzeichnen.
Zusätzlich zu den Materialien auf dem Foto rechts erweist sich eine dünne Stricknadel (4 mm) als nützlich, um die Teile des Häkeltiers während des Annähens zusammenzuhalten.

IM UHRZEIGERSINN VON OBEN LINKS:
1 Häkelnadel
2 Kartonringe für Pompons
3 Lineal
4 Garn
5 Füllwatte
6 Schere
7 Maschenmarkierer
8 Sticknadeln

Farbkreis

Das Garn Cheeky Chunky von Wool Couture ist in mehr als 30 Farben erhältlich: Darunter findet jeder das Richtige! Ich selbst tendiere eher zu den gedämpften Tönen mit Vintage-Optik wie dem Nerzbraun (Mink), in dem wir Mabel gehäkelt haben.

Meine persönlichen Lieblingsfarben aus unserem Programm sind Mink, Seal, Teal und Cream, denen Sie in unserem Buch, auf der Website und im Laden immer wieder begegnen werden. Ich finde diese Farben wirklich heiter und friedvoll.

Wir haben versucht, die Farben so auszuwählen, dass sie in etwa den Farben der Tiere in freier Wildbahn entsprechen. Aber davon abgesehen denke ich, dass Sie Ihre Farben ganz nach Belieben wählen können. Ich habe unsere Tiere schon in vielen wundervollen Farben gesehen.

Wir haben unsere Tiere mit unserem eigenen Markenzeichen versehen: Jedes hat ein Herz in Babyrosa. So spiegelt es unser Wool-Couture-Logo wider und verbreitet natürlich auch ein wenig Liebe.

Anmerkung zum Garn

Für die Hauptprojekte in diesem Buch haben wir durchweg das Garn Cheeky Chunky von Wool Couture verwendet. Dieses extradicke Garn wird in Yorkshire, England, aus reiner Merinowolle hergestellt und hat eine Lauflänge von 130 m pro 200-g-Strang.

Die Mini-Tiere haben wir aus unserem eigenen Garn Beau Baby von Wool Couture gehäkelt. Es wird ebenfalls in Yorkshire aus 50 % Merinowolle und 50 % Polyacryl gesponnen. Das zweifädige Garn hat eine Lauflänge von 90 m pro 50-g-Knäuel.

Alle in diesem Buch genannten Garne können durch andere Garne ähnlicher Lauflänge und Materialzusammensetzung ersetzt werden, aber bedenken Sie, dass die fertigen Tiere sich je nach dem verwendeten Garn leicht von den im Buch abgebildeten Modellen unterscheiden können.

Die Originalgarne können Sie beziehen bei www.woolcouturecompany.com.

Stränge zu Knäueln wickeln

Unser Garn wird in Strängen geliefert und verkauft. Es empfiehlt sich, die Stränge vor Verwendung zu Knäueln zu wickeln. Dazu können Sie den Strang entweder um eine Stuhllehne legen oder jemanden bitten, ihn für Sie zu halten. Schneiden Sie den Abbindefaden mit einer Schere durch. Wenn Sie ihn entfernt haben, sehen Sie zwei lose Enden. Erfassen Sie einen davon und wickeln Sie den Faden um die Finger, bis ein Knäuel entstanden ist.

> **Hinweis**
> Die Farbe des Garns erscheint im Strang heller, als wenn sie verhäkelt ist, denn beim fertigen Projekt zeigen sich mehr Schatten.

Abkürzungen

abm	abmaschen
Abn	Abnahme(n)
anschl	anschlagen
Bm	Büschelmasche(n)
cm	Zentimeter
fM	feste Masche(n)
fortlfd	fortlaufend
Häkelnd	Häkelnadel
Hinr	Hinreihe
hMg	hinteres Maschenglied
hStb	halbe(s) Stäbchen
Km	Kettmasche(n)
Lm	Luftmasche(n)
M	Masche(n)
Mg	Maschenglied(er)
MM	Maschenmarkierer
Nd	Nadel
R	Reihe(n)
Rd	Runde(n)
Rückr	Rückreihe
Schlm	Schlingenmasche(n)
Stb	Stäbchen
tg	tief gestochen
U	Umschlag/Umschläge
vMg	vorderes Maschenglied
Vorr	Vorreihe
Vorrd	Vorrunde
wdh	wiederholen
Zun	Zunahme(n)
zus	zusammen

TECHNIKEN

In diesem Technik-Kapitel zeige ich Ihnen Schritt für Schritt, wie die Grundmaschen für die Projekte gehäkelt werden. Außerdem finden Sie hier Hinweise zum Zusammennähen und Ausstopfen der Tiere. Los geht's!

Häkelmaschen

Anfangsschlinge

Eine Anfangsschlinge ist der Startpunkt aller Teile in diesem Buch, die mit einer Luftmaschenkette beginnen.

1 Den Faden zwischen Zeigefinger und Daumen festhalten und zweimal um die Hand wickeln.

2 Auf dem Handrücken die Häkelnadel unter der zweiten Wicklung einstechen und die dritte Wicklung mit dem Haken erfassen.

3 Den Faden unter der zweiten Wicklung durchziehen.

4 Den Arbeitsfaden vorsichtig von der Hand gleiten lassen.

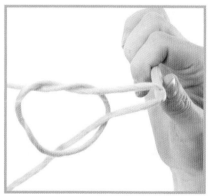

5 Das Fadenende gut festhalten.

6 Die Anfangsschlinge zusammenziehen.

Fadenring (Magic Ring)

Mit einem Fadenring beginnen die Körper, Köpfe, Schwänze und Beine aller Tiere.

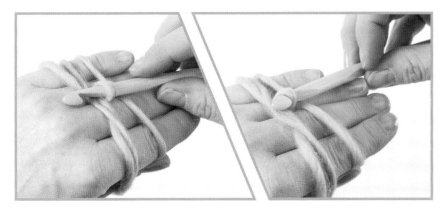

1 Schritt 1-3 (siehe Seite 18) arbeiten, um eine Anfangsschlinge zu erhalten. Dann drehen Sie die Häkelnadel zu sich und ziehen sie nach unten (siehe Foto oben rechts).

2 Alle Schlingen oberhalb der Häkelnadel erfassen und von der Hand ziehen.

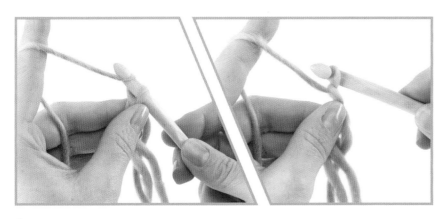

3 Eine Luftmasche zum Sichern häkeln (siehe Seite 20).

Der fertige Fadenring.

4 Die erforderliche Zahl an Maschen in den Fadenring häkeln.

5 Das Fadenende erfassen und damit vorsichtig den Ring zusammenziehen (siehe Foto oben rechts).

Luftmasche (Lm)

Die Luftmasche ist die Basis für alle Teile in diesem Buch, die in Hin- und Rückreihen, also flach gehäkelt werden, so wie beispielsweise die Flügel des Drachen.

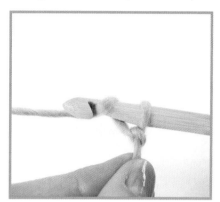  

1 Den Faden um die Häkelnadel legen …

2 … und durch die Schlinge auf der Häkelnadel ziehen.

3 Schritt 1 und 2 fortlaufend wiederholen, bis die in der Anleitung angegebene Zahl an Luftmaschen gehäkelt ist.

Feste Masche (fM)

Die feste Masche ist die wichtigste Grundmasche, die wir für alle Tiere verwenden.

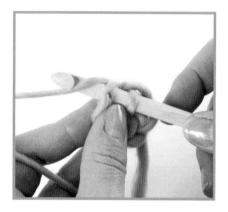  

1 Die Häkelnadel von vorne nach hinten in die nächste Masche einstechen.

2 Den Faden um die Häkelnadel legen (= „den Faden holen") …

3 … und durch die Masche ziehen.

 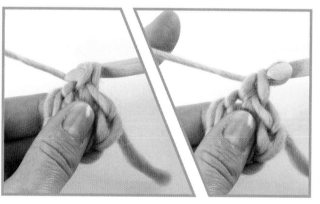 

4 Nun liegen zwei Schlingen auf der Nadel. Den Faden holen …

5 … und durch die beiden Schlingen auf der Häkelnadel ziehen.

Die fertige Masche.

Halbes Stäbchen (hStb)

Das halbe Stäbchen ist etwas höher als die feste Masche und wird zur Formgebung verwendet, beispielsweise am Schwanz von Eichhörnchen Kielder (Seite 116ff.) und an den Zacken des Drachen Titi (Seite 122ff.).

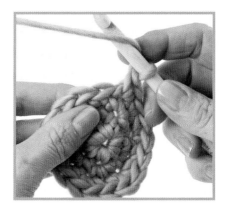

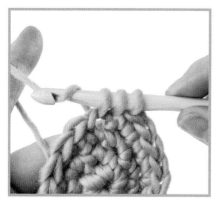

1 Den Faden um die Häkelnadel legen (= 1 Umschlag).

2 Die Häkelnadel in die Masche einstechen. Den Faden holen und durch die Masche ziehen.

3 Nun liegen drei Schlingen auf der Häkelnadel. Den Faden holen …

4 … und durch alle drei Schlingen auf der Häkelnadel ziehen.

Stäbchen (Stb)

Das Stäbchen ist eine längere Masche und dient dazu, Höhe zu erzielen. Wir haben es bei den Zacken des Drachen Titi (Seite 122ff.) eingesetzt.

1 Schritt 1 bis 3 arbeiten, wie beim halben Stäbchen beschrieben, dann den Faden holen und durch zwei Schlingen ziehen.

2 Den Faden holen und durch die verbleibenden zwei Schlingen auf der Häkelnadel ziehen.

3 Damit ist die Masche vollendet.

Eine feste Masche zunehmen

Wir wenden diese Technik an, um die Körperteile zu formen. Je mehr Maschen man zunimmt, desto größer wird die Form.

1 Zwei feste Maschen in dieselbe Masche häkeln.

Eine feste Masche abnehmen (2 fM zus abm)

Mit dieser Technik werden ebenfalls die Körperteile der Tiere geformt. Je mehr Maschen man abnimmt, desto kleiner wird die Form.

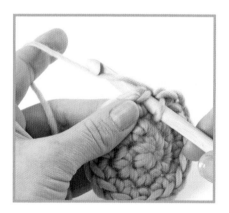

1 Die Häkelnadel von vorne nach hinten in die nächste Masche einstechen. Den Faden holen …

2 … und durch die Masche ziehen (= zwei Schlingen auf der Häkelnadel).

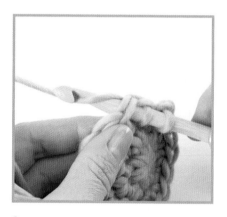

3 Die Häkelnadel von vorne nach hinten in die nächste Masche einstechen. Den Faden holen …

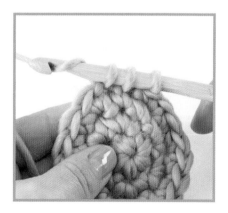

4 … und durch die Masche ziehen (= drei Schlingen auf der Häkelnadel).

5 Den Faden holen und durch alle drei Schlingen ziehen.

Einen neuen Garnknäuel ansetzen

Diese Technik ist nützlich, wenn ein Garnknäuel zu Ende geht oder die Garnfarbe gewechselt werden soll. Auf diese Weise wurde beispielsweise eine zweite Farbe am Körper und am Kopf des Kleinen Pandas Florence (Seite 70ff.) und am Kopf des Faultiers Doris (siehe Seite 94ff.) angesetzt.

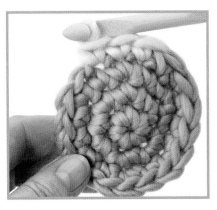

1 An der in der Anleitung angegebenen Stelle die letzten Schlingen der Masche bereits mit dem neuen Faden abmaschen. Dazu den neuen Faden holen …

2 … und durch die letzten zwei Schlingen (beim halben Stäbchen drei Schlingen) auf der Häkelnadel ziehen.

3 Mit dem neuen Faden bzw. in der neuen Farbe gemäß Anleitung weiterhäkeln.

Kettmasche (Km)

Diese Technik fand beim Schwanz des Eichhörnchens Kielder (Seite 116ff.), der Mähne des Zebras Walter (Seite 58ff.) und den Tentakeln des Tintenfischs Oliver (Seite 76ff.) Anwendung.

1 Die Häkelnadel in die Masche einstechen und den Faden holen.

2 Den Faden durch die Masche ziehen.

3 So sieht die fertige Masche aus. Nach Anleitung weiterhäkeln.

Büschelmasche (Bm)

Diese plastische Masche wird für den flauschigen Pelz des Lamms Lionel (Seite 104ff.) verwendet. Eine ähnliche Technik, bei der Schritt 1 jedoch nur zwei- statt dreimal wiederholt wird, kommt bei den Tentakeln des Tintenfischs Oliver (Seite 76ff.) zum Einsatz.

1 Den Faden um die Häkelnadel legen (= 1 Umschlag), die Häkelnadel in die Masche einstechen und den Faden durchziehen.

2 Nun liegen drei Schlingen auf der Nadel.

3 Schritt 1 noch dreimal wiederholen, sodass neun Schlingen auf der Häkelnadel liegen.

4 Den Faden holen und durch alle neun Schlingen ziehen.

Hier sehen Sie die Büschelmaschen am Rücken des Lamms Lionel.

Noppe

Noppen werden an den Vorder- und Hinterbeinen des Hündchens Stitch (Seite 82ff.) und des Drachen Titi (Seite 122ff.) gehäkelt.

1 Den Faden um die Häkelnadel legen (= 1 Umschlag), dann die Häkelnadel in die Masche einstechen, den Faden holen und durchziehen.

2 Nun liegen drei Schlingen auf der Häkelnadel.

3 Den Faden holen und durch zwei Schlingen auf der Häkelnadel ziehen.

4 * Den Faden holen. Die Häkelnadel in dieselbe Masche einstechen, den Faden holen und durchziehen. Den Faden holen und durch zwei Schlingen ziehen (= drei Schlingen auf der Nadel). Ab * noch dreimal wiederholen (= sechs Schlingen auf der Häkelnadel).

5 Den Faden holen und durch alle sechs Schlingen ziehen.

Hier sehen Sie die Noppen an den Vorderbeinen des Hündchens. Zwischen den Noppen liegt kein Zwischenraum.

Dies sind die Noppen an den Hinterbeinen: Die Noppen haben etwas Abstand zueinander.

Schlingenmasche (Schlm)

Diese Technik brauchen Sie für das Alpaka Gabriel (Seite 88ff.).

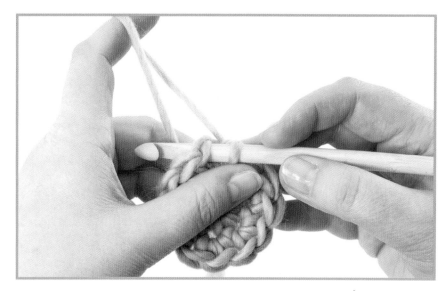

1 Die Häkelnadel in die Masche einstechen. Von der rechten Seite der Arbeit aus den Faden von hinten nach vorne über den linken Zeigefinger legen.

2 Die Häkelnadel, wie in Abb. 2a gezeigt, im Uhrzeigersinn um die Rückseite der Masche führen (Abb. 2b und 2c) und durchziehen (Abb. 2d). Sie haben nun eine Schlinge auf dem Finger und zwei Schlingen auf der Häkelnadel (Abb. 2e).

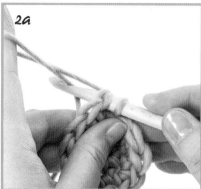

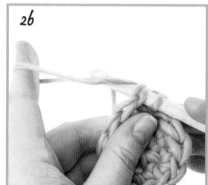

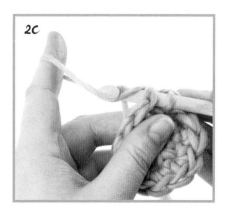

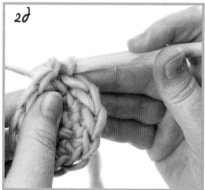

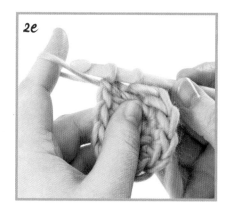

3 Die Schlinge auf dem Zeigefinger vor die Arbeit führen.

4 Den Faden holen …

5 … und durch die beiden Schlingen auf der Häkelnadel ziehen.

6 Damit haben Sie eine Schlingen-masche gehäkelt.

7 Gemäß Anleitung weiterhäkeln.

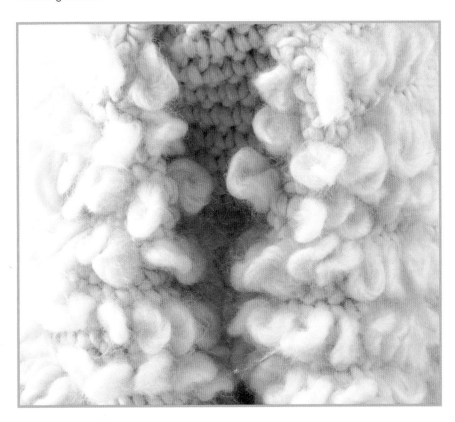

Hier sehen Sie die Schlingenmaschen an den Vorderbeinen des Alpakas Gabriel.

Fertigstellung

Auf diesen Seiten zeige ich Ihnen, wie Sie Ihre Kuscheltiere zusammensetzen. Wenn sie Form annehmen, bekommen sie auch ihren ganz individuellen Charakter. Ich erkläre Ihnen auch, wie Augen, Ohren und Schwänze gestaltet werden.

Weil das Häkelgarn weich und ungezwirnt ist, müssen Sie beim Zusammennähen der Teile besondere Sorgfalt walten lassen. Das Fadenende kann abreißen, wenn Sie es zu grob behandeln. Üben Sie erst an einem Probestück, um die richtige Fadenspannung herauszubekommen.

Ausstopfen

Alle Tiere in diesem Buch sollen bewusst weich sein und baumelnde Vorder- und Hinterbeine haben. Deshalb werden alle Teile nur unvollständig ausgestopft. Vorder- und Hinterbeine werden mit noch weniger Watte gefüllt als Körper und Kopf, damit die Gliedmaßen sich perfekt für Riesenumarmungen eignen.

1 Denken Sie daran, mit dem Ausstopfen bereits zu beginnen, wenn Sie anfangen, Maschen abzunehmen. Der Kopf wird fester ausgestopft als alle anderen Körperteile.

2 Mit einer stumpfen Sticknadel führen Sie den Faden durch die vorderen Glieder der verbleibenden Maschen.

3 Ziehen Sie das Loch vorsichtig zusammen. Dann stechen Sie die Nadel in die Füllwatte ein und ziehen sie auf der anderen Seite des Kopfes wieder heraus.

Kopf und Körper verbinden

1 Wenn der Körper großzügig ausgestopft ist, stecken Sie Kopf und Körper vor dem Zusammennähen mit einer Stricknadel oder einem Schaschlikspieß in der richtigen Position aufeinander.

2 Fädeln Sie das Fadenende am Körper in eine stumpfe Sticknadel ein. Dann führen Sie die Nadel abwechselnd durch eine Masche des Kopfes und des Körpers.

3 So fahren Sie rund um den Kopf fort, um ihn sicher anzunähen.

Vorderbeine (Arme) annähen

1 Nach dem Ausstopfen drücken Sie die Kanten der oberen Öffnung zusammen und nähen die Öffnung zu.

2 Das Vorderbein gemäß Anleitung platzieren.

3 Das Vorderbein entlang der Oberkante annähen.

Fertige Vorder- und Hinterbeine

Ohren und Schwanz annähen

Nähen Sie Ohren und Schwanz gemäß Anleitung an und beachten Sie dabei die Hinweise für die jeweilige Platzierung.

Position des Ohrs

Position des Schwanzes

Ohrteile für den Kleinen Panda Florence verbinden

Die Ohren von Florence (Seite 70ff.) unterscheiden sich von denen der anderen Tiere, denn sie werden in zwei Teilen gehäkelt und anschließend verbunden. Das auf die Vorderseite gestickte Detail verleiht dem Tier eine besondere Note. Nehmen Sie sich die Zeit, sie sauber und sorgfältig auszuführen.

1 Das wollweiße Dreieck auf das braune legen. An der rechten unteren Ecke beginnen: Die Häkelnadel durch die Maschen beider Dreiecke einstechen.

2 Den Faden holen und durch beide Ohrteile ziehen.

3 Den Faden holen und durch die Schlinge auf der Häkelnadel ziehen, um ihn zu fixieren. Eine feste Masche in dieselbe Masche häkeln.

Vorderseite   *Rückseite*

4 Weiter feste Maschen entlang der Kante nach oben und auf der anderen Seite wieder nach unten häkeln.

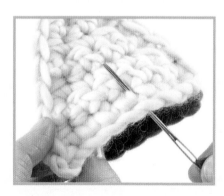

5 Für die Stickerei einen 40 cm langen Faden in Braun abschneiden und einfädeln. Die Nadel in der unteren Mitte des Ohrs von hinten nach vorne durch das wollweiße Dreieck ausstechen und den Faden bis auf ein 10 cm langes Ende durchziehen.

6 Einen ersten, ca. 3 cm langen Spannstich vom Ausgangspunkt nach oben arbeiten. Einen zweiten, ca. 2 cm langen und einen dritten, ca. 1,5 cm langen Stich rechts daneben setzen.

7 Den zweiten und dritten Stich links neben dem 3 cm langen Stich wiederholen. Nun haben Sie fünf Stiche gearbeitet.

Augen sticken

Hier sehen Sie, wie Sie die Augen des Hündchens Stitch (Seite 87) sticken. Weitere detaillierte Anweisungen zum Sticken der Augen finden Sie in der Anleitung zum jeweiligen Modell.

1 Die Nadel seitlich oder unten am Kopf ein- und an der Stelle, an der Sie mit dem Auge beginnen wollen, wieder ausstechen.

2 Drei parallele Spannstiche über jeweils zwei Häkelreihen arbeiten.

Fächerförmige Nase sticken

Viele der Tiere haben fächerförmige Nasen. Ich zeige die Technik hier am Beispiel des Hündchens Stitch.

1 Die Nadel seitlich oder unten am Kopf ein- und an der Stelle, an der Sie mit der Nase beginnen wollen, wieder ausstechen.

2 Für die Fächerform vom zentralen Loch der Häkelarbeit aus einen Spannstich schräg nach rechts und einen schräg nach links arbeiten, sodass eine V-förmige Kontur entsteht, die Sie aussticken können.

3 Die V-Form mit weiteren Spannstichen füllen.

4 Die Nadel durch die Füllwatte zurück zur ersten Einstichstelle führen, dort ausstechen und die Fadenenden mit einem Doppelknoten sichern.

5 Ein Fadenende in die Sticknadel einfädeln, am Austrittspunkt der Fäden ein- und ein paar Zentimeter weiter entfernt ausstechen. Das andere Fadenende genauso sichern.

Pompon-Schwänze

Vielleicht haben Sie schon einmal Pompon-Kits gesehen, aber ich fertige die Pompons lieber auf die traditionelle Weise in genau der richtigen Größe für das jeweilige Modell an.

1 Zwei gleich große Ringe aus Karton zuschneiden.

2 Beide Ringe aufeinanderlegen.

3 Garn um die Kartonringe wickeln.

Wenn Sie die Ringe rundum mit Garn umwickelt haben, sehen sie so aus.

4 Eine spitze, scharfe Schere zwischen die beiden Kartonringe schieben.

5 Die Wicklungen rund um den ganzen Kreis herum aufschneiden.

6 Ein ca. 60 cm langes Fadenstück abschneiden, doppelt nehmen und zwischen den beiden Kartonringen durchziehen. Die Enden dieses Fadens zweimal verknoten und fest anziehen.

7 Die beiden Kartonringe vorsichtig aus dem Pompon entfernen.

8 Den Pompon flauschig aufschütteln und in Form schneiden.

Pompons anzufertigen geht schnell und einfach – und macht außerdem Spaß. Sie verleihen Ihrem Häkelmodell den letzten Schliff.

Ringelschwänze häkeln

In der Spiraltechnik können sie lustige Ringelschwänze häkeln – zum Beispiel für das Schwein Clarence (Seite 98ff.).

1 Die erforderliche Zahl an Luftmaschen anschlagen. In die zweite Luftmasche von der Häkelnadel aus zwei feste Maschen häkeln.

2 In jede weitere Luftmasche zwei feste Maschen häkeln.

So sieht der Ringelschwanz des Schweins Clarence aus.

Ein Herz häkeln

Herzen sind das Markenzeichen all unserer Projekte; lediglich die Baby-Tiere sind zu klein, um mit Herzen verziert zu werden.

1 Einen Fadenring (siehe Seite 19) und drei Luftmaschen arbeiten.

2 Zwei Stäbchen in den Fadenring häkeln.

3 Zwei halbe Stäbchen in den Fadenring häkeln.

4 Eine feste Masche in den Fadenring häkeln.

5 Zwei Stäbchen in den Fadenring häkeln.

6 Eine feste Masche in den Fadenring häkeln.

7 Zwei halbe Stäbchen in den Fadenring häkeln.

8 Zwei Stäbchen in den Fadenring häkeln.

9 Drei Luftmaschen häkeln.

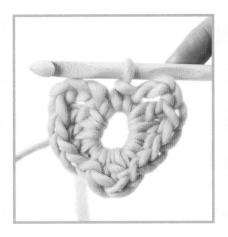

10 Eine feste Masche in den Fadenring häkeln.

11 Den Fadenring durch Zug am Anfangsfaden zusammenziehen.

12 Den Faden holen und durch die Arbeitsschlinge auf der Häkelnadel ziehen, um das Herz zu vollenden. Die Fadenenden vernähen.

MABEL UND iHRE FAMILIE

Die bezaubernden Mitglieder von Mabels Familie sind weich und schlabberig – genau richtig zum Kuscheln und Schmusen. Diese Wirkung entsteht dadurch, dass die Teile nicht fest – manche sogar nur teilweise oder überhaupt nicht – ausgestopft werden. Reinigen Sie die Tiere, indem Sie Flecken punktuell entfernen.

Schwierigkeitsgrade:

Einfach:

Mittel:

Anspruchsvoll:

HASE MABEL MIT BABY

Mabel war unser „erstgeborenes" Riesen-Kuscheltier aus dicker Wolle bei Wool Couture. Wir wollten eine ganze Serie von Maxi-Tieren aus unserem Garn Cheeky Chunky, einem extradicken Merinogarn, häkeln. Mini-Mabel wurde aus unserem Garn Beau Baby gearbeitet, einem dünneren Merino-Polyacryl-Mischgarn.

Mabel war für uns von Anfang an ein Mädchen, schon bevor wir sie entworfen hatten. Wir wollten ein weiches Tier mit ruhiger Anmutung gestalten, das jedermanns beste Freundin und einfach wunderbar zu umarmen sein sollte. Hasen sind überdies die Lieblingstiere von Ali, der Mitgründerin von Wool Couture.

Dieses reizvolle Projekt eignet sich perfekt für Menschen, die gerade die Grundlagen des Häkelns erlernt haben.

SCHWIERIGKEITSGRAD: 🐰

Größe: Mabel ca. 70 cm; Mini-Mabel ca. 30 cm

MATERIAL & WERKZEUG

FÜR MABEL:
▸ **Cheeky Chunky** von Wool Couture (100 % Merinowolle; LL 130 m/200 g):
  - A   Nerzbraun, 600 g
  - B   Wollweiß, 100 g
  - C   Babyrosa, 20 g
  - D   Schwarz, Rest
▸ Häkelnadel 8 mm
▸ 160 g Füllwatte
▸ Maschenmarkierer

FÜR MINI-MABEL:
▸ **Beau Baby** von Wool Couture (50 % Merinowolle, 50 % Polyacryl; LL 90 m/50 g):
  - A   Grau, 150 g
  - B   Wollweiß, 50 g
  - C   Babyrosa, Rest
  - D   Schwarz, Rest
▸ Häkelnadel 3,5 mm
▸ 80 g Füllwatte

FÜR BEIDE TIERE:
▸ Sticknadel ohne Spitze

Tipp
Häkeln Sie beide Hasen nach derselben Anleitung, doch lassen Sie bei Mini-Mabel das Herz weg.

Anleitung

Körper

1. Runde: In Fb A einen Fadenring arb und 6 fM in den Ring häkeln (= 6 M).

2. Runde: 2 fM in jede M der Vorrd häkeln (= 12 M).

3. Runde: 6 x [1 fM in die nächste M, 2 fM in die folg M] (= 18 M).

4. Runde: 6 x [je 1 fM in die nächsten 2 M, 2 fM in die nächste M] (= 24 M).

5. Runde: 6 x [je 1 fM in die nächsten 3 M, 2 fM in die nächste M] (= 30 M).

6. Runde: 6 x [je 1 fM in die nächsten 4 M, 2 fM in die nächste M] (= 36 M).

7. Runde: 6 x [je 1 fM in die nächsten 5 M, 2 fM in die nächste M] (= 42 M).

8. Runde: 6 x [je 1 fM in die nächsten 6 M, 2 fM in die nächste M] (= 48 M).

9. Runde: 6 x [je 1 fM in die nächsten 7 M, 2 fM in die nächste M] (= 54 M).

10. Runde: 6 x [je 1 fM in die nächsten 8 M, 2 fM in die nächste M] (= 60 M).

11.-15. Runde: 1 fM in jede M der Vorrd häkeln.

16. Runde: 6 x [je 1 fM in die nächsten 8 M, 2 fM zus abm] (= 54 M).

17. und 18. Runde: 1 fM in jede M der Vorrd häkeln.

19. Runde: 6 x [je 1 fM in die nächsten 7 M, 2 fM zus abm] (= 48 M).

20. und 21. Runde: 1 fM in jede M der Vorrd häkeln.

22. Runde: 6 x [je 1 fM in die nächsten 6 M, 2 fM zus abm] (= 42 M).

23.-26. Runde: 1 fM in jede M der Vorrd häkeln.

27. Runde: 6 x [je 1 fM in die nächsten 5 M, 2 fM zus abm] (= 36 M).

28.-30. Runde: 1 fM in jede M der Vorrd häkeln.

31. Runde: 6 x [je 1 fM in die nächsten 4 M, 2 fM zus abm] (= 30 M).

32. Runde: 1 fM in jede M der Vorrd häkeln.

33. Runde: 6 x [je 1 fM in die nächsten 3 M, 2 fM zus abm] (= 24 M).

34. Runde: 1 fM in jede M der Vorrd häkeln, die Rd mit 1 Km schließen.

Den Körper mit Füllwatte ausstopfen.

Den Faden bis auf ein langes Fadenende zum Annähen des Kopfes abschneiden und sichern.

Kopf

1. Runde: In Fb B einen Fadenring arb und 6 fM in den Ring häkeln (= 6 M).

2. Runde: 2 fM in jede M der Vorrd häkeln (= 12 M).

3. Runde: 1 fM in jede M der Vorrd häkeln.

4. Runde: 6 x [1 fM in die nächste M, 2 fM in die folg M] (= 18 M).
5. Runde: 1 fM in jede M der Vorrd häkeln; die letzten 2 Schlingen der letzten M bereits in Fb A abm.
In Fb A weiterhäkeln wie folgt:
Nach der 1. Zun der nächsten Rd die obere Kopfmitte mit 1 MM kennzeichnen.
6. Runde: 6 x [je 1 fM in die nächsten 2 M, 2 fM in die nächste M] (= 24 M).
7. Runde: 6 x [je 1 fM in die nächsten 3 M, 2 fM in die nächste M] (= 30 M).
8. Runde: 5 x [2 fM in die nächste M, 1 fM in die folg M], je 1 fM in die nächsten 18 M, 2 fM in die nächste M, 1 fM in die letzte M (= 36 M).
9. und 10. Runde: 1 fM in jede M der Vorrd häkeln.
11. Runde: 6 x [je 1 fM in die nächsten 5 M, 2 fM in die nächste M] (= 42 M).
12.-16. Runde: 1 fM in jede M der Vorrd häkeln.
17. Runde: 6 x [je 1 fM in die nächsten 5 M, 2 fM zus abm] (= 36 M).
18. Runde: 6 x [je 1 fM in die nächsten 4 M, 2 fM zus abm] (= 30 M).
Den Kopf während des Weiterarbeitens nach und nach mit Füllwatte ausstopfen.
19. Runde: 6 x [je 1 fM in die nächsten 3 M, 2 fM zus abm] (= 24 M).
20. Runde: 6 x [je 1 fM in die nächsten 2 M, 2 fM zus abm] (= 18 M).
21. Runde: 6 x [1 fM in die nächste M, 2 fM zus abm] (= 12 M).
22. Runde: 6 x 2 fM zus abm (= 6 M).
Den Faden abschneiden und sichern. Das verbleibende Loch schließen.

Ohren (2 x arb)

1. Runde: In Fb A einen Fadenring arb und 6 fM in den Ring häkeln (= 6 M).
2. Runde: 3 x [1 fM in die nächste M, 2 fM in die folg M] (= 9 M).

3. Runde: 4 x [1 fM in die nächste M, 2 fM in die folg M], 1 fM in die nächste M (= 13 M).
4. und 5. Runde: 1 fM in jede M der Vorrd häkeln.
6. Runde: 6 x [1 fM in die nächste M, 2 fM in die folg M], 1 fM in die nächste M (= 19 M).
7. und 8. Runde: 1 fM in jede M der Vorrd häkeln.
9. Runde: 9 x [1 fM in die nächste M, 2 fM in die folg M], 1 fM in die nächste M (= 28 M).
10.-13. Runde: 1 fM in jede M der Vorrd häkeln.
14. Runde: 4 x [je 1 fM in die nächsten 4 M, 2 fM zus abm], je 1 fM in die nächsten 4 M (= 24 M).
15.-18. Runde: 1 fM in jede M der Vorrd häkeln.
19. Runde: 4 x [je 1 fM in die nächsten 3 M, 2 fM zus abm], je 1 fM in die nächsten 4 M (= 20 M).
20.-23. Runde: 1 fM in jede M der Vorrd häkeln.
24. Runde: 5 x [je 1 fM in die nächsten 2 M, 2 fM zus abm] (= 15 M).
25.-28. Runde: 1 fM in jede M der Vorrd häkeln.
29. Runde: 3 x [je 1 fM in die nächsten 3 M, 2 fM zus abm] (= 12 M).
30.-33. Runde: 1 fM in jede M der Vorrd häkeln.
Die Ohren nicht mit Füllwatte ausstopfen. Die Oberkante flach drücken und mit Km zusammenhäkeln. Den Faden bis auf ein langes Fadenende zum Annähen des Ohrs am Kopf abschneiden und sichern.

Vorderbeine (2 x arb)

1. Runde: In Fb B einen Fadenring arb und 6 fM in den Ring häkeln (= 6 M).
2. Runde: 2 fM in jede M der Vorrd häkeln (= 12 M).
3. Runde: 6 x [1 fM in die nächste M, 2 fM in die folg M] (= 18 M).

4. Runde: 6 x [je 1 fM in die nächsten 2 M, 2 fM in die folg M], die letzten 2 Schlingen der letzten M bereits in Fb A abm (= 24 M).

In Fb A weiterhäkeln wie folgt:

5.-8. Runde: 1 fM in jede M der Vorrd häkeln.

9. Runde: Je 1 fM in die nächsten 6 M, 6 x 2 fM zus abm, je 1 fM in die nächsten 6 M (= 18 M).

10. Runde: Je 1 fM in die nächsten 6 M, 3 x 2 fM zus abm, je 1 fM in die nächsten 6 M (= 15 M).

Die Pfote mit Füllwatte ausstopfen und den Arm bis zur halben Höhe leicht mit Füllwatte füllen.

11.-28. Runde: 1 fM in jede M der Vorrd häkeln.

Die Oberkante flach drücken und mit Km zusammenhäkeln. Den Faden bis auf ein langes Ende zum Annähen am Körper abschneiden und sichern.

Hinterbeine (2 x arb)

1. Runde: In Fb B einen Fadenring arb und 6 fM in den Ring häkeln (= 6 M).

2. Runde: 2 fM in jede M der Vorrd häkeln (= 12 M).

3. Runde: 6 x [1 fM in die nächste M, 2 fM in die folg M] (= 18 M).

4. Runde: 6 x [je 1 fM in die nächsten 2 M, 2 fM in die nächste M] (= 24 M).

5. Runde: 6 x [je 1 fM in die nächsten 3 M, 2 fM in die folg M], die letzten 2 Schlingen der letzten M bereits in Fb A abm (= 30 M).

In Fb A weiterhäkeln wie folgt:

6.-9. Runde: 1 fM in jede M der Vorrd häkeln.

10. Runde: Je 1 fM in die nächsten 7 M, 8 x 2 fM zus abm, je 1 fM in die nächsten 7 M (= 22 M).

11. Runde: Je 1 fM in die nächsten 7 M, 4 x 2 fM zus abm, je 1 fM in die nächsten 7 M (= 18 M).

12. Runde: Je 1 fM in die nächsten 7 M, 2 x 2 fM zus abm, je 1 fM in die nächsten 7 M (= 16 M).

Die Pfote mit Füllwatte ausstopfen und den Arm bis zur halben Höhe leicht mit Füllwatte füllen.

13.-32. Runde: 1 fM in jede M der Vorrd häkeln.

Die Oberkante flach drücken und mit Km zusammenhäkeln. Den Faden bis auf ein langes Ende zum Annähen am Körper abschneiden und sichern.

Schwanz

In Fb B einen Pompon mit einem Durchmesser von ca. 7 cm anfertigen, wie auf Seite 32 beschrieben.

Herz (nur für den großen Hasen)

1. Runde: In Fb C ein Herz häkeln, wie auf Seite 34/35 beschrieben.

Das Herz am Hinterteil annähen.

Fertigstellung (für beide Hasen)

Allgemeine Hinweise zur Fertigstellung siehe Seite 28/29 und 31.

In Fb C von der Mitte des Fadenrings am Kopf aus eine dreieckige Nase und eine vertikale Linie darunter aufsticken.

Für die Augen in Fb D jeweils 3 vertikale Spannstiche über die 6. bis 8. Runde im Abstand von ca. 6 M arb.

Die Ohren im Abstand von 2 Häkel-R zum oberen Ende der Augen annähen (die Ohren sollten etwa in einer Linie mit der Oberkante der Augen liegen).

Den Kopf an die obere Öffnung des Körpers nähen und dabei gegebenenfalls Füllwatte nachstopfen, damit der Körper den Kopf trägt.

Die Vorderbeine ca. 2 Rd unterhalb des Halses rechts und links am Körper annähen.

Die Hinterbeine rechts und links vom Anfangsfadenring horizontal an der Unterseite des Körpers annähen.

Den Pomponschwanz am Hinterteil annähen.

MINI MABEL
Den kleinen Hasen können Sie nach derselben Anleitung, jedoch mit dünnerem Garn und einer dünneren Häkelnadel arbeiten. Passen Sie außerdem die Größe des Pomponschwanzes an.

EISBÄR LILLY

Den Namen Lilly habe ich immer geliebt: Er wirkt so rein und liebenswürdig. Als ich unseren Eisbären angefertigt hatte und mir überlegte, wie er heißen sollte, fiel mir der Name Lilly ein, weil das Eisbärenmädchen solch ein freundlicher Riese ist.

Lilly ist aus unserem Garn Cheeky Chunky, einem extradicken Merinogarn, gehäkelt.

Anleitung

Körper

1. Runde: In Fb A einen Fadenring arb und 6 fM in den Ring häkeln (= 6 M).
2. Runde: 2 fM in jede M der Vorrd häkeln (= 12 M).
3. Runde: 6 x [1 fM in die nächste M, 2 fM in die folg M] (= 18 M).
4. Runde: 6 x [je 1 fM in die nächsten 2 M, 2 fM in die nächste M] (= 24 M).
5. Runde: 6 x [je 1 fM in die nächsten 3 M, 2 fM in die nächste M] (= 30 M).
6. Runde: 6 x [je 1 fM in die nächsten 4 M, 2 fM in die nächste M] (= 36 M).
7. Runde: 6 x [je 1 fM in die nächsten 5 M, 2 fM in die nächste M] (= 42 M).
8. Runde: 6 x [je 1 fM in die nächsten 6 M, 2 fM in die nächste M] (= 48 M).
9. Runde: 6 x [je 1 fM in die nächsten 7 M, 2 fM in die nächste M] (= 54 M).
10. Runde: 6 x [je 1 fM in die nächsten 8 M, 2 fM in die nächste M] (= 60 M).
11. Runde: 6 x [je 1 fM in die nächsten 9 M, 2 fM in die folg M] (= 66 M).
12. Runde: 6 x [je 1 fM in die nächsten 10 M, 2 fM in die folg M] (= 72 M).
13.-16. Runde: 1 fM in jede M der Vorrd häkeln.
17. Runde: 6 x [je 1 fM in die nächsten 10 M, 2 fM zus abm] (= 66 M).
18. und 19. Runde: 1 fM in jede M der Vorrd häkeln.
20. Runde: 6 x [je 1 fM in die nächsten 9 M, 2 fM zus abm] (= 60 M).
21. Runde: 1 fM in jede M der Vorrd häkeln.
22. Runde: 6 x [je 1 fM in die nächsten 8 M, 2 fM zus abm] (= 54 M).
23.-26. Runde: 1 fM in jede M der Vorrd häkeln.
27. Runde: 6 x [je 1 fM in die nächsten 7 M, 2 fM zus abm] (= 48 M).
28.-30. Runde: 1 fM in jede M der Vorrd häkeln.
31. Runde: 6 x [je 1 fM in die nächsten 6 M, 2 fM zus abm] (= 42 M).
32. Runde: 1 fM in jede M der Vorrd häkeln.

33. Runde: 6 x [je 1 fM in die nächsten 5 M, 2 fM zus abm] (= 36 M).
34. Runde: 1 fM in jede M der Vorrd häkeln.
35. Runde: 6 x [je 1 fM in die nächsten 4 M, 2 fM zus abm] (= 30 M).
36. Runde: 6 x [je 1 fM in die nächsten 3 M, 2 fM zus abm] (= 24 M).
37. Runde: 6 x [je 1 fM in die nächsten 2 M, 2 fM zus abm] (= 18 M).

Den Körper ausstopfen. Den Faden bis auf ein langes Fadenende zum Annähen des Kopfes abschneiden und sichern.

Kopf

1. Runde: In Fb A einen Fadenring arb und 6 fM in den Ring häkeln (= 6 M).
2. Runde: 3 x [1 fM in die nächste M, 2 fM in die folg M) (= 9 M).
3. Runde: 3 x [je 1 fM in die nächsten 2 M, 2 fM in die folg M] (= 12 M).
4. Runde: 4 x [je 1 fM in die nächsten 2 M, 2 fM in die folg M] (= 16 M).
5. Runde: 4 x [je 1 fM in die nächsten 3 M, 2 fM in die folg M] (= 20 M).
6. Runde: 1 fM in jede M der Vorrd häkeln.
7. Runde: 5 x [je 1 fM in die nächsten 3 M, 2 fM in die folg M] (= 25 M).

8. Runde: 5 x [je 1 fM in die nächsten 4 M, 2 fM in die folg M] (= 30 M).

9. Runde: 10 x [je 1 fM in die nächsten 2 M, 2 fM in die folg M] (= 40 M).

10. Runde: 1 fM in jede M der Vorrd häkeln.

11. Runde: 4 x [je 1 fM in die nächsten 9 M, 2 fM in die folg M] (= 44 M).

12.-18. Runde: 1 fM in jede M der Vorrd häkeln.

19. Runde: 5 x [je 1 fM in die nächsten 6 M, 2 fM zus abm], je 1 fM in die nächsten 2 M, 2 fM zus abm (= 38 M).

20. Runde: 6 x [je 1 fM in die nächsten 4 M, 2 fM zus abm], je 1 fM in die nächsten 2 M (= 32 M).

Den Kopf während des Weiterarbeitens nach und nach mit Füllwatte ausstopfen.

21. Runde: 5 x [je 1 fM in die nächsten 4 M, 2 fM zus abm], je 1 fM in die nächsten 2 M (= 27 M).

22. Runde: 2 fM zus abm, 5 x [je 1 fM in die nächsten 3 M, 2 fM zus abm] (= 21 M).

23. Runde: 5 x [je 1 fM in die nächsten 2 M, 2 fM zus abm], 1 fM in die nächste M (= 16 M).

24. Runde: 5 x [1 fM in die nächste M, 2 fM zus abm], 1 fM in die nächste M (= 11 M).

25. Runde: 5 x 2 fM zus abm, 1 fM in die nächste M (= 6 M). Den Faden abschneiden und sichern. Das verbleibende Loch schließen.

Ohren (2 x arb)

1. Runde: In Fb A einen Fadenring arb und 6 fM in den Ring häkeln (= 6 M).

2. Runde: 2 fM in jede M der Vorrd häkeln (= 12 M).

3. Runde: 6 x [1 fM in die nächste M, 2 fM in die folg M] (= 18 M).

4.-7. Runde: 1 fM in jede M der Vorrd häkeln.

Die Ohren nicht ausstopfen, sondern flach drücken und die Kanten mit Km zusammenhäkeln, um die Öffnung zu schließen. Den Faden bis auf ein langes Fadenende zum Annähen am Kopf abschneiden und sichern.

Vorderbeine (2 x arb)

1. Runde: In Fb B einen Fadenring arb und 6 fM in den Ring häkeln (= 6 M).
2. Runde: 2 fM in jede M der Vorrd häkeln (= 12 M).
3. Runde: 6 x [1 fM in die nächste M, 2 fM in die folg M], die letzten 2 Schlingen der letzten M bereits in Fb A abm (= 18 M).
In Fb A weiterhäkeln wie folgt:
4. Runde: In dieser Rd nur unter den hMg jeder M einstechen: 6 x [je 1 fM in die nächsten 2 M, 2 fM in die nächste M] (= 24 M).

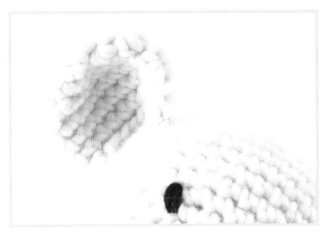

5. Runde: 6 x [je 1 fM in die nächsten 3 M, 2 fM in die nächste M] (= 30 M).
6. und 7. Runde: 1 fM in jede M der Vorrd häkeln.
8. Runde: 6 x [je 1 fM in die nächsten 3 M, 2 fM zus abm] (= 24 M).
Die Vorderpfote mit Füllwatte ausstopfen und das Vorderbein während des Weiterhäkelns nach und nach bis zur halben Höhe leicht mit Füllwatte füllen.
9. Runde: 6 x [je 1 fM in die nächsten 2 M, 2 fM zus abm] (= 18 M).
10. Runde: 3 x [je 1 fM in die nächsten 4 M, 2 fM zus abm] (= 15 M).
11.-28. Runde: 1 fM in jede M der Vorrd häkeln.
Die Oberkante flach drücken und mit Km zusammenhäkeln. Den Faden bis auf ein langes Ende zum Annähen am Körper abschneiden und sichern.

Hinterbeine (2 x arb)

1. Runde: In Fb B einen Fadenring arb und 6 fM in den Ring häkeln (= 6 M).
2. Runde: 2 fM in jede M der Vorrd häkeln (= 12 M).
3. Runde: 6 x [1 fM in die nächste M, 2 fM in die folg M] (= 18 M).
4. Runde: 6 x [je 1 fM in die nächsten 2 M, 2 fM in die folg M], die letzten 2 Schlingen der letzten M bereits in Fb A abm (= 24 M).

Schwanz

1. Runde: In Fb A einen Fadenring arb und 6 fM in den Ring häkeln (= 6 M).

2. Runde: 2 fM in jede M der Vorrd häkeln (= 12 M).

3. Runde: 3 x [je 1 fM in die nächsten 3 M, 2 fM in die folg M] (= 15 M).

4. und 5. Runde: 1 fM in jede M der Vorrd häkeln.

6. Runde: 3 x [je 1 fM in die nächsten 3 M, 2 fM zus abm] (= 12 M).

7. und 8. Runde: 1 fM in jede M der Vorrd häkeln.

Den Schwanz nicht mit Füllwatte ausstopfen. Die Öffnung mit Km schließen. Den Faden bis auf ein langes Fadenende zum Annähen an den Körper abschneiden und sichern.

Herz

1. Runde: In Fb C ein Herz häkeln, wie auf Seite 34/35 beschrieben.

In Fb A weiterhäkeln wie folgt:

5. Runde: In dieser Rd nur unter dem hinteren Mg jeder M einstechen: 6 x [je 1 fM in die nächsten 3 M, 2 fM in die nächste M] (= 30 M).

6. Runde: 6 x [je 1 fM in die nächsten 4 M, 2 fM in die folg M] (= 36 M).

7.-9. Runde: 1 fM in jede M der Vorrd häkeln.

10. Runde: 6 x [je 1 fM in die nächsten 4 M, 2 fM zus abm] (= 30 M).

11. Runde: 6 x [je 1 fM in die nächsten 3 M, 2 fM zus abm] (= 24 M).

12. Runde: 6 x [je 1 fM in die nächsten 2 M, 2 fM zus abm] (= 18 M).

Die Hinterpfote mit Füllwatte ausstopfen und das Bein während des Weiterhäkelns nach und nach bis zur halben Höhe leicht mit Füllwatte füllen.

13.-30. Runde: 1 fM in jede M der Vorrd häkeln.

Die Oberkanten flach drücken und mit Km zusammenhäkeln, um die Öffnung zu schließen. Den Faden bis auf ein langes Fadenende zum Annähen an den Körper abschneiden und sichern.

Fertigstellung

Allgemeine Hinweise zur Fertigstellung siehe Seite 28/29 und 31.

In Fb D von der Mitte des Fadenrings am Kopf eine dreieckige Nase mit einer vertikalen Linie mittig darunter und einer horizontalen Linie für das Maul aufsticken (siehe Foto auf Seite 46).

Für die Augen jeweils 3 vertikale Spannstiche über die 6. bis 8. Rd des Kopfes arb; die Augen sollten einen Abstand von ca. 6 M haben. Die Ohren 4 Rd hinter der Oberkante der Augen annähen (die Innenkante jedes Ohrs sollte etwa in einer Linie mit der Oberkante des Auges liegen). Die Ohren leicht gewölbt so annähen, dass sie ca. 4 M überspannen.

Den Kopf auf die obere Öffnung des Körpers nähen und dabei gegebenenfalls Füllwatte nachstopfen, damit der Körper den Kopf auch wirklich trägt.

In Fb B jeweils 5 Krallen auf jede Vorderpfote sticken. Jede Kralle ist ein vertikaler Spannstich, der 1 Rd oberhalb des grauen Pfotenballens beginnt und 2 Rd überspannt. Zwischen den Krallen liegen jeweils ca. 2 M.

Die Vorderbeine ca. 2 Rd unterhalb des Halses rechts und links so an den Körper nähen, dass die Oberkanten schräg nach hinten geneigt sind.

In Fb B jeweils 5 Krallen auf jede Hinterpfote sticken. Jede Kralle ist ein vertikaler Spannstich, der 1 Rd oberhalb des grauen Pfotenballens beginnt und 3 Rd überspannt. Zwischen den Krallen liegen jeweils ca. 2 M.

Die Hinterbeine mit der Innenkante ca. 5 Rd vom Fadenring entfernt im Abstand von 5 M zueinander und nach hinten in einer V-Form abgeschrägt an der Unterseite des Körpers annähen.

Den Schwanz so am Hinterteil annähen, dass er nach unten zeigt. Das Herz am Hinterteil annähen.

ELEFANT RUBY

Als Kind war ich von Elefanten und ihrer gegenseitigen Unterstützung innerhalb ihrer Familien fasziniert. Nun ist Ruby ein Teil ihrer eigenen gehäkelten Familie.

Gearbeitet ist Ruby aus Cheeky Chunky, unserem extradicken Merinogarn.

Anleitung

Körper

1. Runde: In Fb A einen Fadenring arb und 6 fM in den Ring häkeln (= 6 M).

2. Runde: 2 fM in jede M der Vorrd häkeln (= 12 M).

3. Runde: 6 x [1 fM in die nächste M, 2 fM in die folg M] (= 18 M).

4. Runde: 6 x [je 1 fM in die nächsten 2 M, 2 fM in die nächste M] (= 24 M).

5. Runde: 6 x [je 1 fM in die nächsten 3 M, 2 fM in die nächste M] (= 30 M).

6. Runde: 6 x [je 1 fM in die nächsten 4 M, 2 fM in die nächste M] (= 36 M).

7. Runde: 6 x [je 1 fM in die nächsten 5 M, 2 fM in die nächste M] (= 42 M).

8. Runde: 6 x [je 1 fM in die nächsten 6 M, 2 fM in die nächste M] (= 48 M).

9. Runde: 6 x [je 1 fM in die nächsten 7 M, 2 fM in die nächste M] (= 54 M).

10. Runde: 6 x [je 1 fM in die nächsten 8 M, 2 fM in die nächste M] (= 60 M).

11. Runde: 6 x [je 1 fM in die nächsten 9 M, 2 fM in die folg M] (= 66 M).

12. Runde: 6 x [je 1 fM in die nächsten 10 M, 2 fM in die folg M] (= 72 M).

13.-16. Runde: 1 fM in jede M der Vorrd häkeln.

17. Runde: 6 x [je 1 fM in die nächsten 10 M, 2 fM zus abm] (= 66 M).

18. und 19. Runde: 1 fM in jede M der Vorrd häkeln.

20. Runde: 6 x [je 1 fM in die nächsten 9 M, 2 fM zus abm] (= 60 M).

21. Runde: 1 fM in jede M der Vorrd häkeln.

22. Runde: 6 x [je 1 fM in die nächsten 8 M, 2 fM zus abm] (= 54 M).

23.-26. Runde: 1 fM in jede M der Vorrd häkeln.

27. Runde: 6 x [je 1 fM in die nächsten 7 M, 2 fM zus abm] (= 48 M).

28.-30. Runde: 1 fM in jede M der Vorrd häkeln.

SCHWIERIGKEITSGRAD: 😊 😊

Größe: ca. 70 cm

MATERIAL & WERKZEUG

▸ **Cheeky Chunky** von Wool Couture (100 % Merinowolle; LL 130 m/200 g):

A	Grau,	800 g
B	Wollweiß,	100 g
C	Babyrosa,	20 g
D	Schwarz,	Rest

▸ Häkelnadel 8 mm
▸ 200 g Füllwatte
▸ Sticknadel ohne Spitze

31. Runde: 6 x [je 1 fM in die nächsten 6 M, 2 fM zus abm] (= 42 M).

32. Runde: 1 fM in jede M der Vorrd häkeln.

33. Runde: 6 x [je 1 fM in die nächsten 5 M, 2 fM zus abm] (= 36 M).

34. Runde: 1 fM in jede M der Vorrd häkeln.

35. Runde: 6 x [je 1 fM in die nächsten 4 M, 2 fM zus abm] (= 30 M).

36. Runde: 6 x [je 1 fM in die nächsten 3 M, 2 fM zus abm] (= 24 M).

37. Runde: 6 x [je 1 fM in die nächsten 2 M, 2 fM zus abm] (= 18 M).

Den Körper mit Füllwatte ausstopfen.

Den Faden bis auf ein langes Fadenende zum Annähen des Kopfes abschneiden und sichern.

Kopf

1. Runde: In Fb A einen Fadenring arb und 6 fM in den Ring häkeln (= 6 M).
2. Runde: 2 fM in jede M der Vorrd häkeln (= 12 M).
3. Runde: 6 x [1 fM in die nächste M, 2 fM in die folg M] (= 18 M).
4. Runde: 1 fM in jede M der Vorrd häkeln.
5. Runde: 6 x [je 1 fM in die nächsten 2 M, 2 fM in die nächste M] (= 24 M).
6. Runde: 6 x [je 1 fM in die nächsten 3 M, 2 fM in die nächste M] (= 30 M).
7. Runde: 1 fM in jede M der Vorrd häkeln.
8. Runde: 6 x [je 1 fM in die nächsten 4 M, 2 fM in die nächste M] (= 36 M).
9. Runde: 1 fM in jede M der Vorrd häkeln.
10. Runde: 6 x [je 1 fM in die nächsten 5 M, 2 fM in die nächste M] (= 42 M).
11. Runde: 1 fM in jede M der Vorrd häkeln.
12. Runde: 6 x [je 1 fM in die nächsten 6 M, 2 fM in die nächste M] (= 48 M).
13. und 14. Runde: 1 fM in jede M der Vorrd häkeln.
15. Runde: 6 x [je 1 fM in die nächsten 6 M, 2 fM zus abm] (= 42 M).
16. Runde: Je 1 fM in die ersten 7 M, 5 x [je 1 fM in die nächsten 5 M, 2 fM zus abm] (= 37 M).
17. Runde: Je 1 fM in die ersten 7 M, 5 x [je 1 fM in die nächsten 4 M, 2 fM zus abm] (= 32 M).

18. Runde: Je 1 fM in die ersten 7 M, 5 x [je 1 fM in die nächsten 3 M, 2 fM zus abm] (= 27 M).
Nun mit dem Ausstopfen des Kopfes beginnen und allmählich immer mehr Füllwatte nachstopfen.
19. Runde: Je 1 fM in die ersten 7 M, 5 x [je 1 fM in die nächsten 2 M, 2 fM zus abm] (= 22 M).
20. Runde: 1 fM in jede M der Vorrd häkeln.
21. Runde: Je 1 fM in die ersten 7 M, 5 x [1 fM in die nächste M, 2 fM zus abm] (= 17 M).
22. und 23. Runde: 1 fM in jede M der Vorrd häkeln.
24. Runde: Je 1 fM in die ersten 2 M, 5 x [1 fM in die nächste M, 2 fM zus abm] (= 12 M).
25.–27 Runde: 1 fM in jede M der Vorrd häkeln.
28. Runde: 2 x 2 fM zus abm, je 1 fM in die nächsten 8 M (= 10 M).
Den Rüssel nach und nach leicht ausstopfen.
29.–31. Runde: 1 fM in jede M der Vorrd häkeln.
32. Runde: 2 fM zus abm, je 1 fM in die nächsten 8 M (= 9 M).
33. und 34. Runde: 1 fM in jede M der Vorrd häkeln.
35. Runde: 2 fM zus abm, je 1 fM in die nächsten 7 M (= 8 M).
36. Runde: 1 fM in jede M der Vorrd häkeln, die Rd mit 1 Km schließen.
Den Faden bis auf ein langes Fadenende abschneiden und sichern.

Ohren (2 x arb)

1. Runde: In Fb A einen Fadenring arb und 6 fM in den Ring häkeln (= 6 M).

2. Runde: 2 fM in jede M der Vorrd häkeln (= 12 M).

3. Runde: 6 x [1 fM in die nächste M, 2 fM in die folg M] (= 18 M).

4. Runde: 6 x [je 1 fM in die nächsten 2 M, 2 fM in die nächste M] (= 24 M).

5. Runde: 6 x [je 1 fM in die nächsten 3 M, 2 fM in die nächste M] (= 30 M).

6. Runde: 6 x [je 1 fM in die nächsten 4 M, 2 fM in die nächste M] (= 36 M).

7. Runde: Je 1 fM in die nächsten 2 M, 2 fM in die nächste M, 5 x [je 1 fM in die nächsten 5 M, 2 fM in die nächste M], je 1 fM in die nächsten 3 M (= 42 M).

8. Runde: 6 x [je 1 fM in die nächsten 6 M, 2 fM in die nächste M] (= 48 M).

Die Ohren nicht ausstopfen.

Stoßzähne (2 x arbeiten)

Den Anfangsfaden in Fb B lang hängen lassen (zum Annähen an den Kopf), 6 Lm anschl und mit 1 Km zur Rd schließen, ohne die Lm-Kette zu verdrehen.

1.–4. Runde: 1 fM in jede M des Lm-Rings häkeln (= 6 M).

5. Runde: 2 fM zus abm, je 1 fM in die nächsten 4 M (= 5 M).

6. Runde: 1 fM in jede M der Vorrd häkeln.

7. Runde: 2 fM zus abm, je 1 fM in die nächsten 3 M (= 4 M).

Das verbleibende Loch schließen und den Stoßzahn leicht mit Füllwatte ausstopfen.

Vorderbeine (2 x arb)

1. Runde: In Fb A einen Fadenring arb und 6 fM in den Ring häkeln (= 6 M).
2. Runde: 2 fM in jede M der Vorrd häkeln (= 12 M).
3. Runde: 6 x [1 fM in die nächste M, 2 fM in die folg M] (= 18 M).
4. Runde: 6 x [je 1 fM in die nächsten 2 M, 2 fM in die nächste M] (= 24 M).
5. Runde: 6 x [je 1 fM in die nächsten 3 M, 2 fM in die nächste M] (= 30 M).
6.-9. Runde: 1 fM in jede M der Vorrd häkeln.
10. Runde: 6 x [je 1 fM in die nächsten 3 M, 2 fM zus abm] (= 24 M).
Den Vorderfuß mit Füllwatte ausstopfen und das Vorderbein während des Weiterhäkelns nach und nach bis zur halben Höhe leicht mit Füllwatte füllen.
11. Runde: 6 x [je 1 fM in die nächsten 2 M, 2 fM zus abm] (= 18 M).
12. Runde: 3 x [je 1 fM in die nächsten 4 M, 2 fM zus abm] (= 15 M).
13.-30. Runde: 1 fM in jede M der Vorrd häkeln.
Die Oberkante flach drücken und mit Km zusammenhäkeln. Den Faden bis auf ein langes Ende zum Annähen am Körper abschneiden und sichern.

Hinterbeine (2 x arb)

1. Runde: In Fb A einen Fadenring arb und 6 fM in den Ring häkeln (= 6 M).
2. Runde: 2 fM in jede M der Vorrd häkeln (= 12 M).
3. Runde: 6 x [1 fM in die nächste M, 2 fM in die folg M] (= 18 M).
4. Runde: 6 x [je 1 fM in die nächsten 2 M, 2 fM in die nächste M] (= 24 M).
5. Runde: 6 x [je 1 fM in die nächsten 3 M, 2 fM in die nächste M] (= 30 M).
6. Runde: 6 x [je 1 fM in die nächsten 4 M, 2 fM in die folg M] (= 36 M).
7.-9. Runde: 1 fM in jede M der Vorrd häkeln.
10. Runde: 6 x [je 1 fM in die nächsten 4 M, 2 fM zus abm] (= 30 M).
11. Runde: 6 x [je 1 fM in die nächsten 3 M, 2 fM zus abm] (= 24 M).
12. Runde: 6 x [je 1 fM in die nächsten 2 M, 2 fM zus abm] (= 18 M).
Den Hinterfuß mit Füllwatte ausstopfen und das Hinterbein während des Weiterhäkelns nach und nach bis zur halben Höhe leicht mit Füllwatte füllen.
13.-32. Runde: 1 fM in jede M der Vorrd häkeln.
Die Oberkante flach drücken und mit Km zusammenhäkeln. Den Faden bis auf ein langes Ende zum Annähen am Körper abschneiden und sichern.

Elefantenschwanz flechten

2 Fäden in Fb A von jeweils ca. 120 cm Länge abschneiden.
Beide Fäden parallel nehmen und mittig zusammenlegen.

1 Die Fäden an der Knickstelle durch eine M in der Mitte des Hinterteils des Elefanten ziehen.

2 Die 4 Fadenenden durch die Schlinge führen und festziehen.

3 Den Faden rechts außen über die beiden mittleren Fäden legen. Die beiden mittleren Fäden gelten als 1 Faden.

4 Den Faden links außen über den mittleren Faden legen.

5 Schritt 3 und 4 bis zu einer Zopflänge von ca. 35 cm stets wdh. Die verbleibenden Fadenenden sollten noch ca. 12 cm lang sein.

6 Die Fäden am Ende des geflochtenen Zopfes verknoten, um den Zopf zu sichern.

Herz

1. Runde: In Fb C ein Herz häkeln, wie auf Seite 34/35 beschrieben.

Fertigstellung

Allgemeine Hinweise zur Fertigstellung siehe Seite 28/29 und 31.

Die M am Rüsselende zusammenziehen und den Rüssel nach oben einrollen. Das Rüsselende mit einigen Stichen am oberen Teil des Rüssels fixieren (siehe Foto auf Seite 53).

Für die Augen jeweils 3 parallele, vertikale Spannstiche in Fb D über die 21. und 22. Rd des Kopfes sticken. Die Augen sollten einen Abstand von ca. 7 M zueinander haben. Die Ohren mittig falten und rundum mit je 1 Km in jede M durch beide Lagen hindurch entlang der Kanten zusammenhäkeln. Die gerade Kante 5 Rd hinter dem oberen Ende jedes Auges platzieren und die oberen 5 cm am Kopf annähen.

Die Stoßzähne rechts und links vom Rüssel annähen. Den Kopf auf die obere Öffnung des Körpers nähen und dabei gegebenenfalls Füllwatte nachstopfen, damit der Körper den Kopf auch wirklich trägt.

Die Vorderbeine ca. 3 Rd unterhalb des Halses rechts und links am Körper annähen. In Fb B jeweils 4 Fußnägel auf jeden Vorderfuß sticken: Dazu im Abstand von jeweils 2 M für jeden Fußnagel 3 parallele Spannstiche über die 5. bis 7. Rd sticken.

Die Hinterbeine ca. 1 Rd vom Fadenring entfernt und im Abstand von 1 M auf der Unterseite des Körpers annähen. In Fb B jeweils 3 Fußnägel auf jeden Fuß sticken: Dafür im Abstand von jeweils 2 M für jeden Fußnagel 3 Spannstiche über die 6. bis 8. Rd sticken.

13. Runde: 6 x [je 1 fM in die nächsten 3 M, 2 fM zus abm] (= 24 M).
14.-16. Runde: 1 fM in jede M der Vorrd häkeln (= 24 M).
17. Runde: 6 x [je 1 fM in die nächsten 2 M, 2 fM zus abm] (= 18 M).
18.-22. Runde: 1 fM in jede M der Vorrd häkeln (= 18 M).
23. Runde: 3 x [je 1 fM in die nächsten 4 M, 2 fM zus abm] (= 15 M).
24.-28. Runde: 1 fM in jede M der Vorrd häkeln (= 15 M).
29. Runde: 3 x [je 1 fM in die nächsten 3 M, 2 fM zus abm] (= 12 M).
30. und 31. Runde: 1 fM in jede M der Vorrd häkeln (= 12 M).
Den Faden bis auf ein langes Fadenende zum Annähen am Körper abschneiden und sichern.

Herz

1. Runde: In Fb C ein Herz häkeln, wie auf Seite 34/35 beschrieben.

Fertigstellung

Allgemeine Hinweise zur Fertigstellung siehe Seite 28/29 und 31.
In Fb D eine runde Nase von der Schnauzenspitze aus sticken. Für die Augen jeweils 3 vertikale Spannstiche über die 12. und 13. Rd sticken; die Augen sollten einen Abstand von ca. 7 M zueinander haben.

Die Ohren 5 Rd hinter dem oberen Ende der Augen annähen (die Mitte der Ohren sollte etwa in einer Linie mit dem oberen Ende der Augen liegen).
Den Kopf auf die obere Öffnung des Körpers nähen und dabei gegebenenfalls Füllwatte nachstopfen, damit der Körper den Kopf auch wirklich trägt. Die Vorderbeine ca. 2 Rd unterhalb des Halses rechts und links am Körper annähen. Die Hinterbeine rechts und links vom Anfangsfadenring horizontal an der Unterseite des Körpers annähen. Den Schwanz unten am Hinterteil des Fuchses annähen. Das Herz am Hinterteil annähen.

KLEINER PANDA FLORENCE

Florence ist aus Cheeky Chunky, unserem extradicken Merinogarn gehäkelt.

SCHWIERIGKEITSGRAD: 🐰 🐰 🐰

Größe: ca. 72 cm

MATERIAL & WERKZEUG

▸ **Cheeky Chunky** von Wool Couture
  (100 % Merinowolle; LL 130 m/200 g):
A	Zimtbraun,	400 g
B	Schokoladenbraun,	200 g
C	Wollweiß,	200 g
D	Babyrosa,	20 g
E	Schwarz,	Rest
▸ Häkelnadel 8 mm
▸ 200 g Füllwatte
▸ Sticknadel ohne Spitze

Anleitung

Körper und Kopf werden mit Fb-Wechseln in Intarsien- bzw. Jacquardtechnik gehäkelt. Bei der Intarsientechnik wird für jede Fb-Fläche ein eigener kleiner Knäuel verwendet, bei der Jacquardtechnik wird der gerade nicht verwendete Faden auf den M der Vorrd mitgeführt und mit umhäkelt. Wechseln Sie die Fb beim letzten Abm der letzten M in der vorhergehenden Fb. Ein Beispiel: „3 fM, in Fb A 55 fM, in Fb B 3 fM" bedeutet, dass Sie 3 fM in der Fb der Vorrd häkeln und die letzten 2 Schlingen der letzte M bereits in Fb A abm, dann 55 fM in Fb A häkeln, die letzten 2 Schlingen der letzten M bereits in Fb B abm und 3 M in Fb B häkeln. Damit haben Sie 3 fM in der Fb der Vorrd, 55 fM in Fb A und 3 fM in Fb B.
„4 fM" bedeutet, dass je 1 fM in die nächsten 4 M der Vorrd gehäkelt werden sollen.

Körper

1. Runde: In Fb A einen Fadenring arb und 6 fM in den Ring häkeln (= 6 M).
2. Runde: 2 fM in jede M der 1. Rd häkeln (= 12 M).
3. Runde: 6 x [1 fM in die nächste M, 2 fM in die folg M] (= 18 M).
4. Runde: 6 x [je 1 fM in die nächsten 2 M, 2 fM in die nächste M] (= 24 M).
5. Runde: 6 x [je 1 fM in die nächsten 3 M, 2 fM in die nächste M] (= 30 M).
6. Runde: 6 x [je 1 fM in die nächsten 4 M, 2 fM in die nächste M] (= 36 M).
7. Runde: 6 x [je 1 fM in die nächsten 5 M, 2 fM in die nächste M] (= 42 M).
8. Runde: 6 x [je 1 fM in die nächsten 6 M, 2 fM in die nächste M] (= 48 M).
9. Runde: 6 x [je 1 fM in die nächsten 7 M, 2 fM in die nächste M] (= 54 M).
10. Runde: 6 x [je 1 fM in die nächsten 8 M, 2 fM in die nächste M] (= 60 M).
11. und 12. Runde: 1 fM in jede M der Vorrd häkeln; die letzten 2 Schlingen der letzten M bereits in Fb B abm.
13. Runde: 3 fM, in Fb A 55 fM, in Fb B 2 fM.
14. Runde: 6 fM, in Fb A 51 fM, in Fb B 3 fM.
15. Runde: 9 fM, in Fb A 46 fM, in Fb B 5 fM.
16. Runde: 8 fM, 2 fM zus abm, 2 fM, in Fb A 6 fM, 2 fM zus abm, 3 x [8 fM, 2 fM zus abm], 5 fM, in Fb B 3 fM, 2 fM zus abm (= 54 M).
17. und 18. Runde: 11 fM, in Fb A 39 fM in Fb B 4 fM.

19. Runde: 7 fM, 2 fM zus abm, 2 fM, in Fb A 5 fM, 2 fM zus abm, 3 x [7 fM, 2 fM zus abm], 5 fM, in Fb B 2 fM, 2 fM zus abm (= 48 M).
20. und 21. Runde: 10 fM, in Fb A 35 fM, in Fb B 3 fM.
22. Runde: 6 fM, 2 fM zus abm, 3 fM, in Fb A 3 fM, 2 fM zus abm, 3 x [6 fM, 2 fM zus abm], 6 fM, in Fb B 2 fM zus abm (= 42 M).
23.-26. Runde: 10 fM, in Fb A 31 fM, in Fb B 1 fM.
27. Runde: 5 fM, 2 fM zus abm, 4 fM, in Fb A 1 fM, 2 fM zus abm, 4 x [5 fM, 2 fM zus abm], Fb B (= 36 M).
28.-30. Runde: 10 fM, in Fb A 26 fM, die letzten 2 Schlingen der letzten M bereits in Fb B abm (= 36 M).
31. Runde: 2 x [4 fM, 2 fM zus abm], in Fb A 4 x [4 fM, 2 fM zus abm] (= 30 M).
32. Runde: 1 fM, in Fb B 9 fM, in Fb A 20 fM.
33. Runde: 1 fM, in Fb B 2 fM, 2 fM zus abm, 3 fM, 2 fM zus abm, in Fb A 4 x [3 fM, 2 fM zus abm] (= 24 M).
34. Runde: 1 fM in jede M der Vorrd häkeln.
Den Körper mit Füllwatte ausstopfen. Den Faden bis auf ein langes Fadenende zum Annähen des Kopfes abschneiden und sichern.

ZEBRA WALTER

Ohne Zebra wäre unsere Herde unvollständig. Abby, Mitarbeiterin im Wool-Couture-Team, liebt Zebras seit jeher. So wurde Walter geboren, und ich finde, er ist ein ziemlich cooler Typ. Walter wurde aus Cheeky Chunky, unserem superdicken Merinogarn, gehäkelt.

Anleitung

Körper

1. Runde: In Fb A einen Fadenring arb und 6 fM in den Ring häkeln (= 6 M).
2. Runde: 2 fM in jede M der Vorrd häkeln (= 12 M).
3. Runde: 6 x [1 fM in die nächste M, 2 fM in die folg M] (= 18 M).
4. Runde: 6 x [je 1 fM in die nächsten 2 M, 2 fM in die folg M], die letzten 2 Schlingen der letzten M bereits in Fb B abm (= 24 M).
In Fb B weiterhäkeln wie folgt:
5. Runde: 6 x [je 1 fM in die nächsten 3 M, 2 fM in die nächste M] (= 30 M).
6. Runde: 6 x [je 1 fM in die nächsten 4 M, 2 fM in die nächste M] (= 36 M).
7. Runde: 6 x [je 1 fM in die nächsten 5 M, 2 fM in die nächste M] (= 42 M).
8. Runde: 6 x [je 1 fM in die nächsten 6 M, 2 fM in die folg M], die letzten 2 Schlingen der letzten M bereits in Fb A abm (= 48 M).
In Fb A weiterhäkeln wie folgt:
9. Runde: 6 x [je 1 fM in die nächsten 7 M, 2 fM in die nächste M] (= 54 M).
10. Runde: 6 x [je 1 fM in die nächsten 8 M, 2 fM in die nächste M] (= 60 M).
11. und 12. Runde: 1 fM in jede M der Vorrd häkeln, die letzten 2 Schlingen der letzten M der 12. Rd bereits in Fb B abm (= 60 M).
In Fb B weiterhäkeln wie folgt:
13.-15. Runde: 1 fM in jede M der Vorrd häkeln.
16. Runde: 6 x [je 1 fM in die nächsten 8 M, 2 fM zus abm], die letzten 2 Schlingen der letzten M bereits in Fb A abm (= 54 M).
In Fb A weiterhäkeln wie folgt:
17. und 18. Runde: 1 fM in jede M der Vorrd häkeln.
19. Runde: 6 x [je 1 fM in die nächsten 7 M, 2 fM zus abm] (= 48 M).
20. Runde: 1 fM in jede M der Vorrd häkeln, die letzten 2 Schlingen der letzten M der 12. Rd bereits in Fb B abm (= 60 M).
In Fb B weiterhäkeln wie folgt:
21. Runde: 1 fM in jede M der Vorrd häkeln.
22. Runde: 6 x [je 1 fM in die nächsten 6 M, 2 fM zus abm] (= 42 M).

23. und 24. Runde: 1 fM in jede M der Vorrd häkeln; die letzten 2 Schlingen der letzten M bereits in Fb A abm.
In Fb A weiterhäkeln wie folgt:
25. und 26. Runde: 1 fM in jede M der Vorrd häkeln.
27. Runde: 6 x [je 1 fM in die nächsten 5 M, 2 fM zus abm] (= 36 M).
28. Runde: 1 fM in jede M der Vorrd häkeln; die letzten 2 Schlingen der letzten M bereits in Fb B abm.
In Fb B weiterhäkeln wie folgt:
29. und 30. Runde: 1 fM in jede M der Vorrd häkeln.
31. Runde: 6 x [je 1 fM in die nächsten 4 M, 2 fM zus abm] (= 30 M).
32. Runde: 1 fM in jede M der Vorrd häkeln.
33. Runde: 6 x [je 1 fM in die nächsten 3 M, 2 fM zus abm] (= 24 M).
34. Runde: 1 fM in jede M der Vorrd häkeln, die Rd mit 1 Km schließen.
Den Körper mit Füllwatte ausstopfen.
Den Faden bis auf ein langes Fadenende zum Annähen des Kopfes abschneiden und sichern.

Kopf

1. Runde: In Fb A einen Fadenring arb und 6 fM in den Ring häkeln (= 6 M).
2. Runde: 2 fM in jede M der Vorrd häkeln (= 12 M).
3. Runde: 6 x [1 fM in die nächste M, 2 fM in die folg M] (= 18 M).
4. Runde: Je 2 fM in die nächsten 3 M, je 1 fM in die nächsten 6 M, je 2 fM in die nächsten 3 M, je 1 fM in die nächsten 6 M (= 24 M).
5. Runde: 1 fM in die nächste M, je 2 fM in die nächsten 3 M, je 1 fM in die nächsten 9 M, je 2 fM in die nächsten 3 M, je 1 fM in die nächsten 8 M (= 30 M).
6. und 7. Runde: 1 fM in jede M der Vorrd häkeln.

8. Runde: 3 x [je 1 fM in die nächsten 8 M, 2 fM zus abm] (= 27 M).

9. Runde: 3 x [je 1 fM in die nächsten 6 M, 2 fM zus abm], je 1 fM in die nächsten 3 M, die letzten 2 Schlingen der letzten M bereits in Fb B abm (= 24 M).
In Fb B weiterhäkeln wie folgt:

10. Runde: 6 x [je 1 fM in die nächsten 3 M, 2 fM in die nächste M] (= 30 M).

11. Runde: 6 x [je 1 fM in die nächsten 4 M, 2 fM in die nächste M] (= 36 M).

12. und 13. Runde: 1 fM in jede M der Vorrd häkeln; die letzten 2 Schlingen der letzten M bereits in Fb A abm.
In Fb A weiterhäkeln wie folgt:

14. Runde: 6 x [je 1 fM in die nächsten 5 M, 2 fM in die nächste M] (= 42 M).

15. Runde: 6 x [je 1 fM in die nächsten 6 M, 2 fM in die nächste M] (= 48 M).

16. Runde: 1 fM in jede M der Vorrd häkeln.

17. Runde: 6 x [je 1 fM in die nächsten 7 M, 2 fM in die nächste M], die letzten 2 Schlingen der letzten M bereits in Fb B abm (= 54 M).
In Fb B weiterhäkeln wie folgt:

18.–20. Runde: 1 fM in jede M der Vorrd häkeln.

21. Runde: 6 x [je 1 fM in die nächsten 7 M, 2 fM zus abm], die letzten 2 Schlingen der letzten M bereits in Fb A abm (= 48 M).

22. Runde: 1 fM in jede M der Vorrd häkeln.
Beginnen Sie nun, den Kopf mit Füllwatte auszustopfen, und stopfen Sie nach und nach weitere Füllwatte hinein.

23. Runde: 6 x [je 1 fM in die nächsten 6 M, 2 fM zus abm] (= 42 M).

24. Runde: 1 fM in jede M der Vorrd häkeln.

25. Runde: 6 x [je 1 fM in die nächsten 5 M, 2 fM zus abm], die letzten 2 Schlingen der letzten M bereits in Fb B abm (= 36 M).

26. Runde: 6 x [je 1 fM in die nächsten 4 M, 2 fM zus abm] (= 30 M).

27. Runde: 6 x [je 1 fM in die nächsten 3 M, 2 fM zus abm] (= 24 M).

28. Runde: 6 x [je 1 fM in die nächsten 2 M, 2 fM zus abm] (= 18 M).

29. Runde: 6 x [1 fM in die nächste M, 2 fM zus abm] (= 12 M).

30. Runde: 6 x 2 fM zus abm (= 6 M).
Den Faden abschneiden und sichern. Das verbleibende Loch schließen.

Mähne

1. Reihe: In Fb A 17 Lm anschl. Je 1 fM in die 2. Lm von der Häkelnd aus und in jede folg Lm (= 16 M).
Nun rund um die Anschlag-R herum weiterhäkeln wie folgt:
Vorderseite der Mähne: 3 fM-Locken häkeln wie folgt:
* 10 Lm, je 2 fM in die 2. Lm von der Häkelnd aus und in jede folg Lm *, 1 Km zwischen die Anschlag-R und die fM-R; von * bis * wdh, 1 Km in die 1. Lm der 1. R; von * bis * wdh, 4 Km.

1. Seite der Mähne: * 10 Lm, je 2 fM in die 2. Lm von der Häkelnd aus und in jede folg Lm, 3 Km *; von * bis * 2 x wdh, 15 Lm, je 2 fM in die 2. Lm von der Häkelnd aus und in jede folg Lm, 3 Km.

Unterkante der Mähne: 3 fM-Locken häkeln wie folgt: * 10 Lm, je 2 fM in die 2. Lm von der Häkelnd aus und in jede folg Lm *, 1 Km zwischen die Anschlag-R und die fM-R; von * bis * wdh, 1 Km in die 1. Lm der 1. R; von * bis * wdh, 2 Km.

2. Seite der Mähne: ** 15 Lm, je 2 fM in die 2. Lm von der Häkelnd aus und in jede folg Lm, 3 Km **; von ** bis ** wdh. * 10 Lm, je 2 fM in die 2. Lm von der Häkelnd aus und in jede folg Lm, 3 Km *; von * bis * wdh.

Ohren (2 x arb)

1. Runde: In Fb A einen Fadenring arb und 4 fM in den Ring häkeln (= 4 M).

2. Runde: 1 fM in jede M der Vorrd häkeln.

3. Runde: 2 x [1 fM in die nächste M, 2 fM in die folg M] (= 6 M).

4. Runde: 3 x [1 fM in die nächste M, 2 fM in die folg M) (= 9 M).

5. Runde: 1 fM in jede M der Vorrd häkeln.

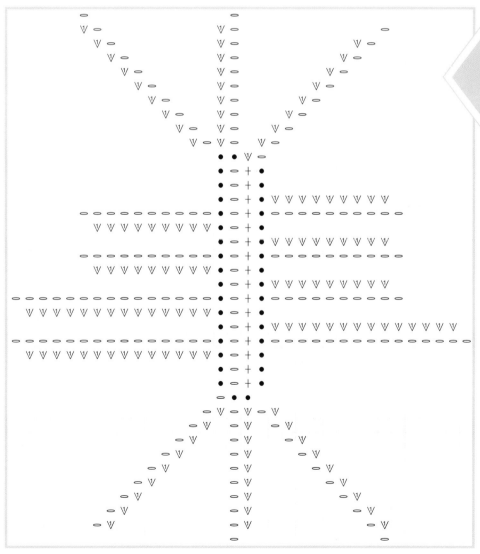

Zeichenerklärung

⊝	1 Lm
+	1 fM
Ⅴ	2 fM in 1 Lm
•	1 Km

6. Runde: 3 x [je 1 fM in die nächsten 2 M, 2 fM in die folg M] (= 12 M).

7. und 8. Runde: 1 fM in jede M der Vorrd häkeln.

9. Runde: 3 x [je 1 fM in die nächsten 2 M, 2 fM zus abm] (= 9 M).

10. und 11. Runde: 1 fM in jede M der Vorrd häkeln.
Die Ohren nicht ausstopfen. Die Öffnung mit Km zuhäkeln. Den Faden bis auf ein langes Fadenende zum Annähen am Kopf abschneiden und sichern.

Vorder- und Hinterbeine (4 x arb)

1. Runde: In Fb A einen Fadenring arb und 6 fM in den Ring häkeln (= 6 M).

2. Runde: 2 fM in jede M der Vorrd häkeln (= 12 M).

3. Runde: 6 x [1 fM in die nächste M, 2 fM in die folg M] (= 18 M).

4. Runde: 6 x [je 1 fM in die nächsten 2 M, 2 fM in die nächste M] (= 24 M).

5. Runde: In dieser Rd nur unter dem hinteren Mg jeder M einstechen: 1 fM in jede M der Vorrd häkeln.

6. Runde: 1 fM in jede M der Vorrd häkeln.

7. Runde: 2 x [je 1 fM in die nächsten 10 M, 2 fM zus abm] (= 22 M).

8. Runde: 2 x [je 1 fM in die nächsten 9 M, 2 fM zus abm] (= 20 M).

9. Runde: 2 x [je 1 fM in die nächsten 8 M, 2 fM zus abm] (= 18 M).

10. Runde: 1 fM in jede M der Vorrd häkeln.
Den Fuß mit Füllwatte ausstopfen und nach und nach das Bein bis zur halben Höhe leicht ausstopfen.

11. Runde: 2 x [je 1 fM in die nächsten 7 M, 2 fM zus abm] (= 16 M).

12. Runde: 1 fM in jede M der Vorrd häkeln; die letzten 2 Schlingen der letzten M bereits in Fb B abm.
In Fb B weiterhäkeln wie folgt:

13.-16. Runde: 1 fM in jede M der Vorrd häkeln; die letzten 2 Schlingen der letzten M bereits in Fb A abm.
In Fb A weiterhäkeln wie folgt:

17.-20. Runde: 1 fM in jede M der Vorrd häkeln; die letzten 2 Schlingen der letzten M bereits in Fb B abm.
In Fb B weiterhäkeln wie folgt:

21.-24. Runde: 1 fM in jede M der Vorrd häkeln; die letzten 2 Schlingen der letzten M bereits in Fb A abm.
In Fb A weiterhäkeln wie folgt:

25.-28. Runde: 1 fM in jede M der Vorrd häkeln; die letzten 2 Schlingen der letzten M bereits in Fb B abm.
In Fb B weiterhäkeln wie folgt:

29.-32. Runde: 1 fM in jede M der Vorrd häkeln.
Die Oberkante flach drücken und mit Km zusammenhäkeln. Den Faden bis auf ein langes Ende zum Annähen am Körper abschneiden und sichern.

Herz

1. Runde: In Fb C ein Herz häkeln, wie auf Seite 34/35 beschrieben.

Schwanz

Den Faden in Fb A mittig an der Unterseite des Hinterteils anschlingen. * 18 Lm arb. Je 2 fM in die 2. und jede folg Lm arb, 1 Km ins Hinterteil des Zebras häkeln; ab * noch 2 x wdh. Den Faden abschneiden und sichern.

Fertigstellung

Allgemeine Hinweise zur Fertigstellung siehe Seite 28/29 und 31.

Für die Augen in Fb A 3 vertikale Spannstiche in Schwarz über 2 R in der Mitte des 1. weißen Streifens am Kopf sticken. Die Augen sollten einen Abstand von ca. 5 M zueinander haben. Die Ohren 7 R hinter der Oberkante der Augen annähen (die Ohren sollten etwa in einer Linie mit dem oberen Ende der Augen liegen). Den Kopf auf die obere Öffnung des Körpers nähen und dabei gegebenenfalls Füllwatte nachstopfen, damit der Körper den Kopf auch wirklich trägt. Die Vorderbeine ca. 2 Rd unterhalb des Halses rechts und links am Körper annähen. Die Hinterbeine rechts und links vom Anfangsfadenring horizontal an der Unterseite des Körpers annähen. Das Herz am Hinterteil annähen. Die Mähne von der Stirn (zwischen den Ohren) und am Hinterkopf entlang nach unten feststecken und mit Vorstichen annähen.

EISFUCHS TREVOR

So knuffig, so weiß – er ist einfach hinreißend!
Trevor ist aus Cheeky Chunky, unserem extradicken Merino-garn gehäkelt.

Anleitung

Körper

1. Runde: In Fb A einen Fadenring arb und 6 fM in den Ring häkeln (= 6 M).
2. Runde: 2 fM in jede M der Vorrd häkeln (= 12 M).
3. Runde: 6 x [1 fM in die nächste M, 2 fM in die folg M] (= 18 M).
4. Runde: 6 x [je 1 fM in die nächsten 2 M, 2 fM in die nächste M] (= 24 M).
5. Runde: 6 x [je 1 fM in die nächsten 3 M, 2 fM in die nächste M] (= 30 M).
6. Runde: 6 x [je 1 fM in die nächsten 4 M, 2 fM in die nächste M] (= 36 M).
7. Runde: 6 x [je 1 fM in die nächsten 5 M, 2 fM in die nächste M] (= 42 M).
8. Runde: 6 x [je 1 fM in die nächsten 6 M, 2 fM in die nächste M] (= 48 M).
9. Runde: 6 x [je 1 fM in die nächsten 7 M, 2 fM in die nächste M] (= 54 M).
10. Runde: 6 x [je 1 fM in die nächsten 8 M, 2 fM in die nächste M] (= 60 M).
11.-15. Runde: 1 fM in jede M der Vorrd häkeln.
16. Runde: 6 x [je 1 fM in die nächsten 8 M, 2 fM zus abm] (= 54 M).
17. und 18. Runde: 1 fM in jede M der Vorrd häkeln.
19. Runde: 6 x [je 1 fM in die nächsten 7 M, 2 fM zus abm] (= 48 M).
20. und 21. Runde: 1 fM in jede M der Vorrd häkeln.
22. Runde: 6 x [je 1 fM in die nächsten 6 M, 2 fM zus abm] (= 42 M).
23.-26. Runde: 1 fM in jede M der Vorrd häkeln.
27. Runde: 6 x [je 1 fM in die nächsten 5 M, 2 fM zus abm] (= 36 M).
28.-30. Runde: 1 fM in jede M der Vorrd häkeln.
31. Runde: 6 x [je 1 fM in die nächsten 4 M, 2 fM zus abm] (= 30 M).
32. Runde: 1 fM in jede M der Vorrd häkeln.
33. Runde: 6 x [je 1 fM in die nächsten 3 M, 2 fM zus abm] (= 24 M).
34. Runde: 1 fM in jede M der Vorrd häkeln, die Rd mit 1 Km schließen.
Den Körper mit Füllwatte ausstopfen.
Den Faden bis auf ein langes Fadenende zum Annähen des Kopfes abschneiden und sichern.

SCHWIERIGKEITSGRAD: 🐰

Größe: ca. 65 cm

MATERIAL & WERKZEUG

▸ **Cheeky Chunky** von Wool Couture
  (100 % Merinowolle; LL 130 m/200 g):
A	Weiß, 600 g
B	Naturgrau, 200 g
C	Babyrosa, 20 g
D	Schwarz, 20 g
▸ Häkelnadel 8 mm
▸ 160 g Füllwatte
▸ Maschenmarkierer
▸ Sticknadel ohne Spitze

Kopf

1. Runde: In Fb B einen Fadenring arb und 6 fM in den Ring häkeln (= 6 M).
2. Runde: 2 fM in jede M der Vorrd häkeln (= 12 M).
3. Runde: 6 x [1 fM in die nächste M, 2 fM in die folg M] (= 18 M).
4. Runde: 3 x [je 1 fM in die nächsten 5 M, 2 fM in die nächste M] (= 21 M).
5. Runde: 3 x [je 1 fM in die nächsten 6 M, 2 fM in die nächste M] (= 24 M).
6. Runde: 6 x [je 1 fM in die nächsten 3 M, 2 fM in die nächste M] (= 30 M).
7. Runde: 6 x [je 1 fM in die nächsten 4 M, 2 fM in die nächste M] (= 36 M).
8. Runde: 3 x [je 1 fM in die nächsten 11 M, 2 fM in die nächste M] (= 39 M).
9. Runde: 3 x [je 1 fM in die nächsten 10 M, 2 fM in die nächste M] (= 42 M).
10. Runde: 7 x [je 1 fM in die nächsten 5 M, 2 fM in die nächste M] (= 49 M).
11. Runde: Je 1 fM in die nächsten 47 M, 2 fM zus abm (= 48 M).
12. Runde: 1 fM in jede M der Vorrd häkeln.
13. Runde: 6 x [je 1 fM in die nächsten 6 M, 2 fM zus abm] (= 42 M).

14. Runde: 1 fM in jede M der Vorrd häkeln.

15. Runde: 6 x [je 1 fM in die nächsten 5 M, 2 fM zus abm] (= 36 M).

16. und 17. Runde: 1 fM in jede M der Vorrd häkeln.

18. Runde: 6 x [je 1 fM in die nächsten 4 M, 2 fM zus abm] (= 30 M).

19. und 20. Runde: 1 fM in jede M der Vorrd häkeln.

21. Runde: 6 x [je 1 fM in die nächsten 3 M, 2 fM zus abm] (= 24 M).

Die nächste M mit einem Maschenmarkierer oder einem farbigen Fädchen kennzeichnen (= Oberseite des Gesichts).

22. und 23. Runde: 1 fM in jede M der Vorrd häkeln.

24. Runde: 3 x [2 fM zus abm, 1 fM in die nächste M], je 1 fM in die nächsten 7 M, 2 x [2 fM zus abm, 1 fM in die nächste M], 2 fM zus abm (= 18 M).

25. Runde: 1 fM in jede M der Vorrd häkeln.

26. Runde: 2 x 2 fM zus abm, je 1 fM in die nächsten 12 M, 2 fM zus abm (= 15 M).

27. Runde: 1 fM in jede M der Vorrd häkeln.

28. Runde: 2 x 2 fM zus abm, je 1 fM in die nächsten 9 M, 2 fM zus abm (= 12 M).

29. Runde: 1 fM in jede M der Vorrd häkeln.

30. Runde: 4 x [2 fM zus abm, 1 fM in die nächste M] (= 8 M).

Den Faden abschneiden und sichern und das Loch schließen.

Ohren (2 x arb)

1. Runde: In Fb B einen Fadenring arb und 4 fM in den Ring häkeln (= 4 M).

2. Runde: 2 x [1 fM in die nächste M, 2 fM in die folg M] (= 6 M).

3. Runde: 2 x [je 1 fM in die nächsten 2 M, 2 fM in die nächste M] (= 8 M).

4. Runde: 2 x [je 1 fM in die nächsten 3 M, 2 fM in die nächste M], die letzten 2 Schlingen der letzten M bereits in Fb A abm (= 10 M).

5. und 6. Runde: 1 fM in jede M der Vorrd häkeln.

7. Runde: 2 x [je 1 fM in die nächsten 4 M, 2 fM in die nächste M] (= 12 M).

8. und 9. Runde: 1 fM in jede M der Vorrd häkeln.

Die Ohren nicht ausstopfen. Die Öffnung mit Km zuhäkeln. Den Faden bis auf ein langes Fadenende zum Annähen am Kopf abschneiden und sichern.

Vorderbeine (2 x arb)

1. Runde: In Fb B einen Fadenring arb und 6 fM in den Ring häkeln (= 6 M).

2. Runde: 2 fM in jede M der Vorrd häkeln (= 12 M).

3. Runde: 6 x [1 fM in die nächste M, 2 fM in die folg M] (= 18 M).

4. Runde: 6 x [je 1 fM in die nächsten 2 M, 2 fM in die nächste M] (= 24 M).

5. Runde: Je 1 fM in die nächsten 6 M, 6 x 2 fM zus abm, je 1 fM in die nächsten 6 M (= 18 M).

6. Runde: Je 1 fM in die nächsten 6 M, 3 x 2 fM zus abm, je 1 fM in die nächsten 6 M (= 15 M).

Die Pfote mit Füllwatte ausstopfen und das Bein bis zur halben Höhe leicht mit Füllwatte füllen.

7. Runde: 1 fM in jede M der Vorrd häkeln; die letzten 2 Schlingen der letzten M bereits in Fb A abm.

8.-23. Runde: 1 fM in jede M der Vorrd häkeln.

Die Oberkante flach drücken und mit Km zusammenhäkeln. Den Faden bis auf ein langes Ende zum Annähen am Körper abschneiden und sichern.

Hinterbeine (2 x arb)

1. Runde: In Fb B einen Fadenring arb und 6 fM in den Ring häkeln (= 6 M).

2. Runde: 2 fM in jede M der Vorrd häkeln (= 12 M).

3. Runde: 6 x [1 fM in die nächste M, 2 fM in die folg M] (= 18 M).

4. Runde: 6 x [je 1 fM in die nächsten 2 M, 2 fM in die nächste M] (= 24 M).

5. Runde: 6 x [je 1 fM in die nächsten 3 M, 2 fM in die nächste M] (= 30 M).

6. Runde: Je 1 fM in die nächsten 7 M, 8 x 2 fM zus abm, je 1 fM in die nächsten 7 M (= 22 M).

7. Runde: Je 1 fM in die nächsten 7 M, 4 x 2 fM zus abm, je 1 fM in die nächsten 7 M (= 18 M).

8. Runde: Je 1 fM in die nächsten 7 M, 2 x 2 fM zus abm, je 1 fM in die nächsten 7 M (= 16 M).

Die Pfote mit Füllwatte ausstopfen und das Bein bis zur halben Höhe leicht mit Füllwatte füllen.

9. Runde: 1 fM in jede M der Vorrd häkeln; die letzten 2 Schlingen der letzten M bereits in Fb A abm.

10.-28. Runde: 1 fM in jede M der Vorrd häkeln.

Die Oberkante flach drücken und mit Km zusammenhäkeln. Den Faden bis auf ein langes Ende zum Annähen am Körper abschneiden und sichern.

Schwanz

1. Runde: In Fb B einen Fadenring arb und 4 fM in den Ring häkeln (= 4 M).

2. Runde: Je 2 fM in jede M der 1. Rd häkeln (= 8 M).

3. Runde: 4 x [1 fM in die nächste M, 2 fM in die nächste M] (= 12 M).

4. Runde: 1 fM in jede M der Vorrd häkeln (= 12 M).

5. Runde: 6 x [1 fM in die nächste M, 2 fM in die folg M] (= 18 M).

6. Runde: 1 fM in jede M der Vorrd häkeln (= 18 M).

7. Runde: 6 x [je 1 fM in die nächsten 2 M, 2 fM in die nächste M] (= 24 M).

8. Runde: 1 fM in jede M der Vorrd häkeln; die letzten 2 Schlingen der letzten M bereits in Fb A abm (= 24 M).

In Fb A weiterhäkeln wie folgt:

9. Runde: 6 x [je 1 fM in die nächsten 3 M, 2 fM in die nächste M] (= 30 M).

10.-12. Runde: 1 fM in jede M der Vorrd häkeln (= 30 M).

Das Häkelteil während des Weiterarbeitens nach und nach mit Füllwatte ausstopfen.

Wir Menschen sind schuld daran, dass
der Kleine Panda auf der Roten Liste
gefährdeter Tierarten steht: In freier Wildbahn leben nur noch weniger als 10 000
Tiere. Florence erinnert uns daran, dass
wir unsere Welt mit mehr Respekt behandeln müssen. Der Kleine Panda ist solch
ein schönes Tier!

Kopf

1. Runde: In Fb C einen Fadenring arb und 6 fM in den Ring häkeln (= 6 M).

2. Runde: 2 fM in jede M der Vorrd häkeln (= 12 M).

3. Runde: 1 fM in jede M der Vorrd häkeln.

4. Runde: 6 x [1 fM in die nächste M, 2 fM in die folg M] (= 18 M).

5. Runde: 1 fM in jede M der Vorrd häkeln.

6. Runde: 6 x [je 1 fM in die nächsten 2 M, 2 fM in die folg M], die letzten 2 Schlingen der letzten M bereits in Fb A abm (= 24 M).

7. Runde: 7 fM, 2 fM in die nächste M, 4 x [3 fM, 2 fM in die nächste M] (= 29 M).

8. Runde: 5 fM, 4 x [4 fM, 2 fM in die nächste M], 4 fM (= 33 M).

9. Runde: 10 fM, in Fb C 6 fM, in Fb A 2 fM, in Fb C 1 fM, in Fb A 4 fM, in Fb C 1 fM, in Fb A 2 fM, in Fb C 6 fM, in Fb A 1 fM.

10. Runde: 2 x [5 fM, 2 fM in die nächste M], in Fb C 4 fM, in Fb A 1 fM, 2 fM in die nächste M, in Fb C 2 fM, in Fb A 2 fM, 2 fM in die nächste M, in Fb C 2 fM, in Fb A 2 fM, in Fb C 1 fM, 2 fM in die nächste M, 2 fM, in Fb A 1 fM, 2 fM in die nächste M (= 39 M).

11. Runde: 2 x [6 fM, 2 fM in die nächste M], 2 fM, in Fb C 2 fM, in Fb A 3 fM, in Fb C 2 fM in die nächste M, 1 fM, in Fb A 5 fM, in Fb C 2 fM in die nächste M, 1 fM, in Fb A 2 fM, in Fb C 2 fM, in Fb A 1 fM, 2 fM in die nächste M, 2 fM, 2 fM in die nächste M (= 45 M).

12. Runde: 2 x [7 fM, 2 fM in die nächste M], 2 fM, in Fb C 2 fM, in Fb A 3 fM, 2 fM in die nächste M, in Fb C 2 fM, in Fb A 5 fM, 2 fM in die nächste M, in Fb C 2 fM, in Fb A 3 fM, in Fb C 1 fM, in Fb A 1 fM, 2 fM in die nächste M, 5 fM (= 50 M).

13. Runde: 5 x [8 fM, 2 fM in die nächste M], 5 fM (= 55 M).

14. und 15. Runde: 1 fM in jede M der Vorrd häkeln.

16. Runde: 5 x [8 fM, 2 fM zus abm], 5 fM (= 50 M).

17. Runde: 2 x [23 fM, 2 fM zus abm] (= 48 M).

18. Runde: 1 fM in jede M der Vorrd häkeln.

19. Runde: 6 x [je 1 fM in die nächsten 6 M, 2 fM zus abm] (= 42 M).

20. Runde: 6 x [je 1 fM in die nächsten 5 M, 2 fM zus abm] (= 36 M).

21. Runde: 1 fM in jede M der Vorrd häkeln.

22. Runde: 6 x [je 1 fM in die nächsten 4 M, 2 fM zus abm] (= 30 M).

23. Runde: 1 fM in jede M der Vorrd häkeln.

24. Runde: 6 x [je 1 fM in die nächsten 3 M, 2 fM zus abm] (= 24 M).

25. Runde: 6 x [je 1 fM in die nächsten 2 M, 2 fM zus abm] (= 18 M).

26. Runde: 6 x [1 fM in die nächste M, 2 fM zus abm] (= 12 M).

27. Runde: 6 x 2 fM zus abm (= 6 M).

Den Faden abschneiden und sichern. Das verbleibende Loch schließen.

Ohren

(jeweils 2 x in Fb B und 2 x in Fb C häkeln)

1. Reihe: 8 Lm anschl, je 1 fM in die 2. Lm von der Häkelnd aus und in jede folg Lm; mit 1 Lm wenden (= 7 M).

2. Reihe: 2 fM zus abm, 5 fM; mit 1 Lm wenden (= 6 M).

3. Reihe: 2 fM zus abm, 4 fM; mit 1 Lm wenden (= 5 M).

4. Reihe: 2 fM zus abm, je 1 fM in die nächsten 3 M; mit 1 Lm wenden (= 4 M).

5. Reihe: 2 fM zus abm, 2 fM; mit 1 Lm wenden (= 3 M).

6. Reihe: 2 fM zus abm, 1 fM (= 2 M).

Den Faden abschneiden und sichern. Die Ohren werden später zusammengesetzt und nicht ausgestopft.

Vorderbeine (2 x arb)

1. Runde: In Fb B einen Fadenring arb und 6 fM in den Ring häkeln (= 6 M).

2. Runde: 2 fM in jede M der Vorrd häkeln (= 12 M).

3. Runde: 6 x [1 fM in die nächste M, 2 fM in die folg M] (= 18 M).

4. Runde: 6 x [je 1 fM in die nächsten 2 M, 2 fM in die nächste M] (= 24 M).

5. Runde: Je 1 fM in die nächsten 16 M, 4 x 2 fM zus abm (= 20 M).

6. Runde: Je 1 fM in die nächsten 14 M, 3 x 2 fM zus abm (= 17 M).

7. Runde: Je 1 fM in die nächsten 13 M, 2 x 2 fM zus abm (= 15 M).

Die Pfote mit Füllwatte ausstopfen und das Bein bis zur halben Höhe leicht mit Füllwatte füllen.

8.–26. Runde: 1 fM in jede M der Vorrd häkeln.

Die Öffnung mit Km zuhäkeln und dabei darauf achten, dass die „Hände" nach vorne zeigen. Den Faden bis auf ein langes Fadenende zum Annähen am Körper abschneiden und sichern.

Hinterbeine (2 x arb)

1. Runde: In Fb B einen Fadenring arb und 6 fM in den Ring häkeln (= 6 M).

2. Runde: 2 fM in jede M der Vorrd häkeln (= 12 M).

3. Runde: 6 x [1 fM in die nächste M, 2 fM in die folg M] (= 18 M).

4. Runde: 6 x [je 1 fM in die nächsten 2 M, 2 fM in die nächste M] (= 24 M).

5. Runde: 6 x [je 1 fM in die nächsten 3 M, 2 fM in die nächste M] (= 30 M).

6. Runde: 20 fM, 5 x 2 fM zus abm (= 25 M).

7. Runde: 17 fM, 4 x 2 fM zus abm (= 21 M).

8. Runde: 15 fM, 3 x 2 fM zus abm (= 18 M).

Die Pfote mit Füllwatte ausstopfen und das Bein bis zur halben Höhe leicht mit Füllwatte füllen.

9.–28. Runde: 1 fM in jede M der Vorrd häkeln.

Die Oberkante flach drücken und mit Km zusammenhäkeln. Den Faden bis auf ein langes Ende zum Annähen am Körper abschneiden und sichern.

Schwanz

1. Runde: In Fb B einen Fadenring arb und 6 fM in den Ring häkeln (= 6 M).

2. Runde: 2 fM in jede M der Vorrd häkeln (= 12 M).

3. Runde: 6 x [1 fM in die nächste M, 2 fM in die folg M] (= 18 M).

4. und 5. Runde: 1 fM in jede M der Vorrd häkeln.

6. Runde: 2 x [je 1 fM in die nächsten 8 M, 2 fM in die nächste M], die letzten 2 Schlingen der letzten M bereits in Fb A abm (= 20 M).

7.-9. Runde: 1 fM in jede M der Vorrd häkeln; die letzten 2 Schlingen der letzten M bereits in Fb B abm.

In Fb B weiterhäkeln wie folgt:

10. Runde: 1 fM in jede M der Vorrd häkeln; die letzten 2 Schlingen der letzten M bereits in Fb A abm.

In Fb A weiterhäkeln wie folgt:

11.-13. Runde: 1 fM in jede M der Vorrd häkeln; die letzten 2 Schlingen der letzten M bereits in Fb B abm.

14.-25. Runde: Die 10.-13. Rd noch 3 x wdh.

Den Schwanz mit Füllwatte ausstopfen und während des Weiterhäkelns weitere Füllwatte nachstopfen.

26. Runde: 1 fM in jede M der Vorrd häkeln; die letzten 2 Schlingen der letzten M bereits in Fb A abm.

27. Runde: 1 fM in jede M der Vorrd häkeln.

28. Runde: 2 x [je 1 fM in die nächsten 8 M, 2 fM zus abm] (= 18 M).

29. Runde: 1 fM in jede M der Vorrd häkeln; die letzten 2 Schlingen der letzten M bereits in Fb B abm.

In Fb B weiterhäkeln wie folgt:

30. Runde: 1 fM in jede M der Vorrd häkeln; die letzten 2 Schlingen der letzten M bereits in Fb A abm.

31. Runde: 2 x [je 1 fM in die nächsten 7 M, 2 fM zus abm] (= 16 M).

32. Runde: 1 fM in jede M der Vorrd häkeln.

33. Runde: 2 x [je 1 fM in die nächsten 6 M, 2 fM zus abm] (= 14 M).

Den Faden abschneiden und sichern.

Herz

1. Runde: Das Herz in Fb D häkeln, wie auf Seite 34/35 beschrieben.

Fertigstellung

Allgemeine Hinweise zur Fertigstellung siehe Seite 28-31. In Fb E von der Mitte des Fadenrings am Kopf aus eine dreieckige Nase aufsticken. Ebenfalls in Fb E für jedes Auge 3 vertikale Spannstiche über die 7. und 8. Rd sticken (siehe Fotos); die Augen sollten einen Abstand von ca. 6 M zueinander haben.

Jeweils ein braunes und ein wollweißes Ohrteil so aufeinanderlegen, dass die wollweiße Seite zu Ihnen zeigt, und beide Teile mit 1 fM in jede M rundum zusammenhäkeln (siehe Seite 30). In Fb B 5 Spannstiche fächerförmig in die untere Mitte der wollweißen Seite sticken. Die Ohren 6 Rd hinter dem oberen Ende der Augen annähen (die Innenkante der Ohren sollte etwa mit dem oberen Ende der Augen auf einer Linie liegen).

Den Kopf auf die obere Öffnung des Körpers nähen und dabei gegebenenfalls Füllwatte nachstopfen, damit der Körper den Kopf auch wirklich trägt. Die Hinterbeine in einer leichten V-Form ca. 4 Rd vor dem Fadenring an der Unterseite des Körpers und mit 1 M Abstand zueinander annähen. In Fb C auf jede Hinterpfote 5 Spannstiche über 2 Rd für die Krallen aufsticken.

Die Vorderbeine ca. 2 Rd unterhalb des Halses rechts und links am Körper annähen. Für die Krallen in Fb C jeweils 5 Spannstiche über 2 Rd aufsticken.

Den Schwanz 11 Rd oberhalb des Fadenrings an die Unterseite des Hinterteils nähen. Das Herz am Hinterteil annähen.

TINTENFISCH OLIVER MIT BABY

Ich bin im Sternzeichen Fische geboren und liebe Flüsse, Seen und Meere. Wenn man Tintenfische im Meer beobachtet, wirken sie so ruhig und elegant, wenn sie durch das Wasser schweben. Ihre ganze Energie spricht mich an. Natürlich liebe ich all meine Tiere, aber der Oktopus Oliver ist mein erklärter Liebling.

Er ist aus dem superdicken Merinogarn Cheeky Chunky gehäkelt. Mini-Oliver ist aus unserem dünneren Merino-Mischgarn Beau Baby gearbeitet.

BESONDERE MASCHEN

Büschelmasche (Bm): Häkeln, wie auf Seite 24 beschrieben, jedoch Schritt 1 nur 2 x wdh, sodass 7 Schlingen auf der Häkelnd liegen.

Tentakel mit Kettmaschen (Km) zusammenhäkeln: In der 2. R die Häkelnd in die 126. und 1. M zugleich einstechen, 1 Km durch beide M arb, dann auf diese Weise den Tentakel hinunter weiter beide Seiten mit Km zusammenhäkeln.

SCHWIERIGKEITSGRAD: 🐰🐰

Größe:
Großer Tintenfisch: ca. 33 cm, Tentakel ca. 67 cm
Baby-Tintenfisch: ca. 15 cm, Tentakel ca. 36 cm

MATERIAL & WERKZEUG

FÜR DEN GROSSEN TINTENFISCH:
▶ **Cheeky Chunky** von Wool Couture (100 % Merinowolle; LL 130 m/200 g):

A	Naturgrau,	600 g
B	Wollweiß,	600 g
C	Babyrosa,	20 g
D	Schwarz,	Rest

▶ Häkelnadel 8 mm
▶ 160 g Füllwatte

FÜR DEN BABY-TINTENFISCH:
▶ **Beau Baby** von Wool Couture (50 % Merinowolle, 50 % Polyacryl; LL 90 m/50 g)

A	Naturgrau,	150 g
B	Wollweiß,	100 g
C	Schwarz,	Rest

▶ Häkelnadel 3, 5 mm
▶ 80 g Füllwatte

FÜR BEIDE TINTENFISCHE:
▶ Sticknadel ohne Spitze

Tipp

Beide Tintenfische nach derselben Anleitung häkeln, jedoch für den Mini-Oliver kein Herz arb.

Anleitung

Körper

1. Runde: In Fb A einen Fadenring arb und 6 fM in den Ring häkeln (= 6 M).

2. Runde: 2 fM in jede M der Vorrd häkeln (= 12 M).

3. Runde: 6 x [1 fM in die nächste M, 2 fM in die folg M] (= 18 M).

4. Runde: 6 x [je 1 fM in die nächsten 2 M, 2 fM in die nächste M] (= 24 M).

5. Runde: 6 x [je 1 fM in die nächsten 3 M, 2 fM in die nächste M] (= 30 M).

6. Runde: 6 x [je 1 fM in die nächsten 4 M, 2 fM in die nächste M] (= 36 M).

7. Runde: 6 x [je 1 fM in die nächsten 5 M, 2 fM in die nächste M] (= 42 M).

8. Runde: 6 x [je 1 fM in die nächsten 6 M, 2 fM in die nächste M] (= 48 M).

9.–30. Runde: 1 fM in jede M der Vorrd häkeln.

1. Tentakel

In Fb A weiterhäkeln wie folgt:

1.-60. Reihe: Je 1 fM in die nächsten 6 M;, mit 1 Lm wenden (= 6 M).

61. Reihe: 2 fM zus abm, 2 fM, 2 fM zus abm, mit 1 Lm wenden (= 4 M).

62. Reihe: 2 x 2 fM zus abm, mit 1 Lm wenden (= 2 M).

63. Reihe: 2 fM zus abm (= 1 M).

Den Faden abschneiden und sichern.

Saugnäpfe für den 1. Tentakel

1. Reihe: Fb B an der 1. M der 1. R des 1. Tentakels anschlingen, 1 Km in jede 1. M der 1.-63. R; wenden (= 63 M). Auf der anderen Seite des Tentakels 1 Km in die jeweils 1. M der 61.-1. R, mit 1 Lm wenden (= 126 M).

2. Reihe: 63 x [1 fM, 1 Bm], mit 1 Lm wenden.

3. Reihe: Den Tentakel mit Km zusammenhäkeln.

Den Faden abschneiden und sichern.

2.-8. Tentakel

Den 1. Tentakel noch 7 x wdh.

Unterseite des Tintenfischs

1. Runde: In Fb B einen Fadenring arb und 6 fM in den Ring häkeln (= 6 M).

2. Runde: 2 fM in jede M der Vorrd häkeln (= 12 M).

3. Runde: 6 x [1 fM in die nächste M, 2 fM in die folg M] (= 18 M).

4. Runde: 6 x [je 1 fM in die nächsten 2 M, 2 fM in die nächste M] (= 24 M).

5. Runde: 6 x [je 1 fM in die nächsten 3 M, 2 fM in die nächste M] (= 30 M).

6. Runde: 6 x [je 1 fM in die nächsten 4 M, 2 fM in die nächste M] (= 36 M).

7. Runde: 6 x [je 1 fM in die nächsten 5 M, 2 fM in die nächste M] (= 42 M).

8. Runde: 6 x [je 1 fM in die nächsten 6 M, 2 fM in die nächste M] (= 48 M).

Den Faden bis auf ein 60 cm langes Fadenende abschneiden und sichern.

Herz

(nur für den großen Tintenfisch)

1. Runde: In Fb C ein Herz häkeln, wie auf Seite 34/35 beschrieben.

Fertigstellung

(für beide Tintenfische)
Allgemeine Hinweise zur Fertigstellung siehe Seite 28/29
und 31.
Den Körper mit Füllwatte ausstopfen. In Fb B die Unterseite
des Tintenfischs mit Km rund um die untere Körperöffnung
anhäkeln (= 48 M). Den Faden abschneiden und sichern.
In Fb D für das rechte Auge einen vertikalen Stich über
2 Rd und 3 weitere Spannstiche fächerförmig rechts neben
dem 1. Stich arb. Das linke Auge spiegelbildlich sticken.
Das Herz unten auf der Rückseite des Tintenfischkörpers
annähen.

HUND STITCH

Wir haben bei uns zu Hause unsere niedliche und knuddelige Spanielhündin. Es kann sein, was mag – sie wacht jeden Morgen auf und freut sich ganz einfach ihres Lebens. Jeder sollte einen solchen vierbeinigen Freund in seinem Leben haben. Unsere Spanielhündin stand Pate für den Hund Stitch. Stitch wurde aus dem superdicken Merinogarn Cheeky Chunky gehäkelt.

Anleitung

Körper

1. Runde: In Fb A einen Fadenring arb und 6 fM in den Ring häkeln (= 6 M).
2. Runde: 2 fM in jede M der Vorrd häkeln (= 12 M).
3. Runde: 6 x [1 fM in die nächste M, 2 fM in die folg M] (= 18 M).
4. Runde: 6 x [je 1 fM in die nächsten 2 M, 2 fM in die nächste M] (= 24 M).
5. Runde: 6 x [je 1 fM in die nächsten 3 M, 2 fM in die nächste M] (= 30 M).
6. Runde: 6 x [je 1 fM in die nächsten 4 M, 2 fM in die nächste M] (= 36 M).
7. Runde: 6 x [je 1 fM in die nächsten 5 M, 2 fM in die nächste M] (= 42 M).
8. Runde: 6 x [je 1 fM in die nächsten 6 M, 2 fM in die nächste M] (= 48 M).
9. Runde: 6 x [je 1 fM in die nächsten 7 M, 2 fM in die nächste M] (= 54 M).
10. Runde: 6 x [je 1 fM in die nächsten 8 M, 2 fM in die nächste M] (= 60 M).
11.-15. Runde: 1 fM in jede M der Vorrd häkeln.
16. Runde: 6 x [je 1 fM in die nächsten 8 M, 2 fM zus abm] (= 54 M).
17. und 18. Runde: 1 fM in jede M der Vorrd häkeln.
19. Runde: 6 x [je 1 fM in die nächsten 7 M, 2 fM zus abm] (= 48 M).
20. und 21. Runde: 1 fM in jede M der Vorrd häkeln.
22. Runde: 6 x [je 1 fM in die nächsten 6 M, 2 fM zus abm] (= 42 M).
23.-26. Runde: 1 fM in jede M der Vorrd häkeln.
27. Runde: 6 x [je 1 fM in die nächsten 5 M, 2 fM zus abm] (= 36 M).
28.-30. Runde: 1 fM in jede M der Vorrd häkeln.
31. Runde: 6 x [je 1 fM in die nächsten 4 M, 2 fM zus abm] (= 30 M).
32. Runde: 1 fM in jede M der Vorrd häkeln.

SCHWIERIGKEITSGRAD: 🐶🐶

Größe: ca. 72 cm

MATERIAL & WERKZEUG

▸ **Cheeky Chunky** von Wool Couture (100 % Merinowolle; LL 130 m/200 g):
  A Nerzbraun, 800 g
  B Wollweiß, 100 g
  C Babyrosa, 20 g
  D Schwarz, Rest
▸ Häkelnadel 8 mm
▸ 200 g Füllwatte
▸ Maschenmarkierer
▸ Sticknadel ohne Spitze

BESONDERE MASCHEN

Schlingenmasche (Schlm), siehe Seite 26/27.
Noppe, siehe Seite 25.

33. Runde: 6 x [je 1 fM in die nächsten 3 M, 2 fM zus abm] (= 24 M).
34. Runde: 1 fM in jede M der Vorrd häkeln, die Rd mit 1 Km schließen.
Den Körper mit Füllwatte ausstopfen. Den Faden bis auf ein langes Fadenende zum Annähen des Kopfes abschneiden und sichern.

Kopf

1. Runde: In Fb B einen Fadenring arb und 6 fM in den Ring häkeln (= 6 M).
2. Runde: 2 fM in jede M der Vorrd häkeln (= 12 M).
3. Runde: 6 x [1 fM in die nächste M, 2 fM in die folg M] (= 18 M).
4. Runde: 6 x [je 1 fM in die nächsten 2 M, 2 fM in die nächste M] (= 24 M).
5.-8. Runde: 1 fM in jede M der Vorrd häkeln; die letzten 2 Schlingen der letzten M bereits in Fb A abm.
9. Runde: 7 fM, 1 Maschenmarkierer oder ein farbiges Fädchen einhängen (= Unterseite des Kopfes), 2 fM in die nächste M, 4 x [je 1 fM in die nächsten 3 M, 2 fM in die nächste M] (= 29 M).

10. Runde: 8 fM, 2 fM in die nächste M, 4 x [je 1 fM in die nächsten 4 M, 2 fM in die nächste M] (= 34 M).

11. Runde: Je 1 fM in die nächsten 9 M, 2 fM in die nächste M, 4 x [je 1 fM in die nächsten 5 M, 2 fM in die nächste M] (= 39 M).

12. Runde: 10 fM, 2 fM in die nächste M, 4 x [je 1 fM in die nächsten 6 M, 2 fM in die nächste M] (= 44 M).

13. Runde: 5 x [je 1 fM in die nächsten 7 M, 2 fM in die nächste M], 2 fM, 2 fM zus abm (= 48 M).

14.-17. Runde: 1 fM in jede M der Vorrd häkeln.

18. Runde: 6 x [je 1 fM in die nächsten 6 M, 2 fM zus abm] (= 42 M).

19. Runde: 1 fM in jede M der Vorrd häkeln.

20. Runde: 6 x [je 1 fM in die nächsten 5 M, 2 fM zus abm] (= 36 M).

21. Runde: 1 fM in jede M der Vorrd häkeln.

22. Runde: 6 x [je 1 fM in die nächsten 4 M, 2 fM zus abm] (= 30 M).

Das Häkelteil während des Weiterarbeitens nach und nach mit Füllwatte ausstopfen.

23. Runde: 6 x [je 1 fM in die nächsten 3 M, 2 fM zus abm] (= 24 M).

24. Runde: 6 x [je 1 fM in die nächsten 2 M, 2 fM zus abm] (= 18 M).

25. Runde: 6 x [1 fM in die nächste M, 2 fM zus abm] (= 12 M).

26. Runde: 6 x 2 fM zus abm (= 6 M).

Den Faden abschneiden und sichern. Das verbleibende Loch schließen.

Ohren (2 x arb)

1. Runde: In Fb A einen Fadenring arb und 6 fM in den Ring häkeln (= 6 M).

2. Runde: 6 x [1 Schlm, 1 fM in dieselbe M] (= 12 M).

3. Runde: 6 x [1 Schlm, 2 fM in die nächste M] (= 18 M).

4. Runde: 6 x [2 Schlm, 2 fM in die nächste M] (= 24 M).

5. und 6. Runde: 12 x [1 Schlm, 1 fM].

7. Runde: 5 x [1 Schlm, 1 fM], 2 fM zus abm, 5 x [1 Schlm, 1 fM], 2 fM zus abm (= 22 M).

8. Runde: 4 x [1 Schlm, 1 fM], 2 fM zus abm, 5 x [1 Schlm, 1 fM], 2 fM zus abm (= 20 M).

9. Runde: 10 x [1 Schlm, 1 fM].

10. Runde: 4 x [1 Schlm, 1 fM], 2 fM zus abm, 4 x [1 Schlm, 1 fM], 2 fM zus abm (= 18 M).

11. Runde: 9 x [1 Schlm, 1 fM].

12. Runde: * 2 x [1 Schlm, 1 fM], 2 fM zus abm; ab * noch 2 x wdh (= 15 M).
13. Runde: 7 x [1 Schlm, 1 fM], 1 fM.
14. Runde: 1 Schlm, 2 fM, 6 x [1 Schlm, 1 fM].
15. Runde: 7 x [1 Schlm, 1 fM], 1 Stb.
16.–18. Runde: 1 fM in jede M der Vorrd häkeln.
Die Ohren nicht ausstopfen. Die Öffnung mit Km zuhäkeln. Den Faden bis auf ein langes Fadenende zum Annähen am Kopf abschneiden und sichern.

Vorderbeine (2 x arb)

1. Runde: In Fb A einen Fadenring arb und 6 fM in den Ring häkeln (= 6 M).
2. Runde: 2 fM in jede M der Vorrd häkeln (= 12 M).
3. Runde: 6 x [1 fM in die nächste M, 2 fM in die folg M] (= 18 M).
4. Runde: 6 x [je 1 fM in die nächsten 2 M, 2 fM in die nächste M] (= 24 M).
5. Runde: 5 x [1 Noppe, 1 fM in die nächste M], je 1 fM in die nächsten 14 M.
6. Runde: 1 fM in jede M der Vorrd häkeln.
7. Runde: 6 x [je 1 fM in die nächsten 2 M, 2 fM zus abm] (= 18 M).
8. Runde: 4 x [2 fM, 2 fM zus abm], je 1 fM in die nächsten 2 M (= 14 M).
Die Pfote mit Füllwatte ausstopfen und das Bein bis zur halben Höhe leicht mit Füllwatte füllen.
9.–24. Runde: 1 fM in jede M der Vorrd häkeln.
Die Oberkante flach drücken und mit Km zusammenhäkeln. Den Faden bis auf ein langes Ende zum Annähen am Körper abschneiden und sichern.

Hinterbeine (2 x arb)

1. Runde: In Fb A einen Fadenring arb und 6 fM in den Ring häkeln (= 6 M).

2. Runde: 2 fM in jede M der Vorrd häkeln (= 12 M).

3. Runde: 6 x [1 fM in die nächste M, 2 fM in die folg M] (= 18 M).

4. Runde: 6 x [je 1 fM in die nächsten 2 M, 2 fM in die nächste M] (= 24 M).

5. Runde: 6 x [je 1 fM in die nächsten 3 M, 2 fM in die nächste M] (= 30 M).

6. Runde: 5 x [1 Noppe, je 1 fM in die nächsten 2 M], je 1 fM in die nächsten 15 M.

7. Runde: 1 fM in jede M der Vorrd häkeln.

8. Runde: 6 x [je 1 fM in die nächsten 3 M, 2 fM zus abm] (= 24 M).

9. Runde: 6 x [je 1 fM in die nächsten 2 M, 2 fM zus abm] (= 18 M).

10. Runde: 3 x [je 1 fM in die nächsten 4 M, 2 fM zus abm] (= 15 M).

Die Pfote mit Füllwatte ausstopfen und das Bein bis zur halben Höhe leicht mit Füllwatte füllen.

11.-30. Runde: 1 fM in jede M der Vorrd häkeln.

Die Oberkante flach drücken und mit Km zusammen-häkeln. Den Faden bis auf ein langes Ende zum Annähen am Körper abschneiden und sichern.

Schwanz

Während des Häkelns den Schwanz nach und nach mit Füllwatte ausstopfen. Die Schlm sollen von unten nach oben entlang des Schwanzes immer länger werden.

1. Runde: In Fb A einen Fadenring arb und 4 fM in den Ring häkeln (= 4 M).

2. Runde: 2 x [1 fM, 2 fM in die nächste M] (= 6 M).

3. Runde: 1 fM in jede M der Vorrd häkeln.

4. und 5. Runde: 2 Schlm, 4 fM.

6. Runde: 1 fM, 2 Schlm, 2 fM, 2 fM in die nächste M (= 7 M).

7. Runde: 2 fM in die nächste M, 2 Schlm, 4 fM (= 8 M).

8. und 9. Runde: 3 fM, 2 Schlm, 3 fM.

10. Runde: 2 x 2 fM in die jeweils nächste M, 2 fM, 2 Schlm, 2 fM (= 10 M).

11. Runde: Je 1 fM in die nächsten 6 M, 2 Schlm, 2 fM.

12. Runde: 7 fM, 2 Schlm, fM.

13. und 14. Runde: 8 fM, 2 Schlm.

15. Runde: 8 fM, 2 fM zus abm (= 9 M).

16. Runde: 1 Schlm, 8 fM.

17.-20. Runde: 2 Schlm, 7 fM.

21. und 22. Runde: 1 fM, 2 Schlm, 6 fM.

23.-26. Runde: 2 fM, 2 Schlm, 5 fM.

27. und 28. Runde: 1 fM in jede M der Vorrd häkeln.

Den Faden bis auf ein langes Fadenende zum Annähen am Körper abschneiden und sichern.

Herz

1. Runde: In Fb C ein Herz häkeln, wie auf Seite 34/35 beschrieben.

Fertigstellung

Allgemeine Hinweise zur Fertigstellung siehe Seite 28/29 und 31.

In Fb D 1 Rd oberhalb des Fadenrings am Beginn des Kopfes beginnend eine dreieckige Nase mit einer vertikalen Linie darunter aufsticken. Für jedes Auge 3 vertikale Spannstiche über die 11. und 12. Rd sticken; die Augen haben einen Abstand von ca. 7 M zueinander. Die Ohren 1 Rd hinter den Augen und 4 M tiefer annähen. Den Kopf auf die obere Öffnung des Körpers nähen und dabei gegebenenfalls Füllwatte nachstopfen, damit der Körper den Kopf auch wirklich trägt. Die Vorderbeine ca. 2 Rd unterhalb des Halses rechts und links am Körper annähen. Die Hinterbeine rechts und links vom Anfangsfadenring horizontal an der Unterseite des Körpers annähen. Den Schwanz in der unteren Mitte des Hinterteils annähen. Das Herz am Hinterteil annähen.

ALPAKA GABRIEL

Während einer Wanderung in der Nähe von Matlock in Derbyshire stieß ich einmal auf eine Herde Alpakas. Nachdem ich sie eine Weile beobachtet hatte, schien mir jedes Alpaka eine eigene Persönlichkeit zu haben: Manche waren sanftmütig, andere sehr neugierig. Sie haben mich so fasziniert, dass unsere kleine Menagerie ohne Alpaka nicht vollständig wäre. Gabriel ist aus dem superdicken Merinogarn Cheeky Chunky gehäkelt.

Anleitung

Körper

1. Runde: In Fb A einen Fadenring arb und 6 fM in den Ring häkeln (= 6 M).
2. Runde: 2 fM in jede M der Vorrd häkeln (= 12 M).
3. Runde: 6 x [1 fM in die nächste M, 2 fM in die folg M] (= 18 M).
4. Runde: 6 x [je 1 fM in die nächsten 2 M, 2 fM in die nächste M] (= 24 M).
5. Runde: 6 x [je 1 fM in die nächsten 3 M, 2 fM in die nächste M] (= 30 M).
6. Runde: 6 x [je 1 fM in die nächsten 4 M, 2 fM in die nächste M] (= 36 M).
7. Runde: 6 x [je 1 fM in die nächsten 5 M, 2 fM in die nächste M] (= 42 M).
8. Runde: 6 x [je 1 fM in die nächsten 6 M, 2 fM in die nächste M] (= 48 M).
9. Runde: 6 x [je 1 fM in die nächsten 7 M, 2 fM in die nächste M] (= 54 M).
10. Runde: 6 x [je 1 fM in die nächsten 8 M, 2 fM in die nächste M] (= 60 M).
11.-15. Runde: 1 fM in jede M der Vorrd häkeln.
16. Runde: 6 x [8 fM, 2 fM zus abm] (= 54 M).
17. und 18. Runde: 1 fM in jede M der Vorrd häkeln.
19. Runde: 6 x [je 1 fM in die nächsten 7 M, 2 fM zus abm] (= 48 M).
20. und 21. Runde: 1 fM in jede M der Vorrd häkeln.
22. Runde: 6 x [je 1 fM in die nächsten 6 M, 2 fM zus abm] (= 42 M).
23.-26. Runde: 1 fM in jede M der Vorrd häkeln.
27. Runde: 6 x [je 1 fM in die nächsten 5 M, 2 fM zus abm] (= 36 M).
28.-30. Runde: 1 fM in jede M der Vorrd häkeln.
31. Runde: 6 x [je 1 fM in die nächsten 4 M, 2 fM zus abm] (= 30 M).
32. Runde: 1 fM in jede M der Vorrd häkeln.
33. Runde: 6 x [je 1 fM in die nächsten 3 M, 2 fM zus abm] (= 24 M).

SCHWIERIGKEITSGRAD: 🐰🐰

Größe: ca. 78 cm

MATERIAL & WERKZEUG

▸ **Cheeky Chunky** von Wool Couture (100 % Merinowolle; LL 130 m/200 g):
  A Wollweiß, 600 g
  B Babyrosa, 20 g
  D Schwarz, Rest
▸ Häkelnadel 8 mm
▸ 200 g Füllwatte
▸ Sticknadel ohne Spitze

BESONDERE MASCHE

Schlingenmasche (Schlm), siehe Seite 26/27

34.-37. Runde: 1 fM in jede M der Vorrd häkeln, die Rd mit 1 Km schließen.
Den Körper mit Füllwatte ausstopfen.
Den Faden bis auf ein langes Fadenende zum Annähen des Kopfes abschneiden und sichern.

Kopf

1. Runde: In Fb A einen Fadenring arb und 6 fM in den Ring häkeln (= 6 M).
2. Runde: 2 fM in jede M der Vorrd häkeln (= 12 M).
3. Runde: 1 fM in jede M der Vorrd häkeln.
4. Runde: 6 x [1 fM in die nächste M, 2 fM in die folg M] (= 18 M).
5. und 6. Runde: 1 fM in jede M der Vorrd häkeln.
7. Runde: 6 x [je 1 fM in die nächsten 2 M, 2 fM in die nächste M] (= 24 M).
8. Runde: 4 fM, 5 x [3 fM, 2 fM in die nächste M] (= 29 M).
9. Runde: 4 fM, 5 x [4 fM, 2 fM in die nächste M] (= 34 M).
10. Runde: Je 1 fM in die nächsten 6 M, 4 x [5 fM, 2 fM in die nächste M], je 1 fM in die nächsten 3 M, 2 fM in die nächste M (= 39 M).
11. Runde: 10 fM, 11 x [1 Schlm, 1 fM], 7 fM.
12. Runde: 10 fM, 2 fM in die nächste M, 11 x [1 Schlm, 1 fM], 2 fM in die nächste M, 5 fM (= 41 M).
13. Runde: 5 x [7 fM, 2 fM in die nächste M], 1 fM (= 46 M).
14.-16. Runde: 10 fM, 16 x [1 Schlm, 1 fM], 4 fM.

17. Runde: 4 x [8 fM, 2 fM zus abm], je 1 fM in die nächsten 6 M (= 42 M).
Das Häkelteil während des Weiterarbeitens nach und nach mit Füllwatte ausstopfen.
18. Runde: 14 fM, 12 x [1 Schlm, 1 fM], 4 fM (= 42 M).
19. Runde: 6 x [je 1 fM in die nächsten 5 M, 2 fM zus abm] (= 36 M).
20. Runde: 14 fM, 10 x [1 Schlm, 1 fM], 2 fM.
21. Runde: 6 x [je 1 fM in die nächsten 4 M, 2 fM zus abm] (= 30 M).
22. Runde: 6 x [je 1 fM in die nächsten 3 M, 2 fM zus abm] (= 24 M).
23. Runde: 12 fM, 6 x [1 Schlm, 1 fM].
24. Runde: 2 x [2 fM, 2 fM zus abm], 4 x [1 Schlm, 1 fM, 2 fM zus abm] (= 18 M).
25. Runde: 1 fM, 2 fM zus abm, 5 x [1 Schlm, 2 fM zus abm] (= 12 M).
26. Runde: 6 x 2 fM zus abm (= 6 M).
Den Faden abschneiden und sichern. Das verbleibende Loch schließen.

Ohren (2 x arb)

1. Runde: In Fb A einen Fadenring arb und 4 fM in den Ring häkeln (= 4 M).
2. Runde: 1 fM in jede M der Vorrd häkeln.
3. Runde: 2 x [2 fM in die nächste M, 1 fM in die folg M] (= 6 M).
4. Runde: 3 x [2 fM in die nächste M, 1 fM in die folg M] (= 9 M).
5. Runde: 1 fM in jede M der Vorrd häkeln.
6. Runde: 3 x [je 1 fM in die nächsten 2 M, 2 fM in die folg M] (= 12 M).
7.-9. Runde: 1 fM in jede M der Vorrd häkeln.
10. Runde: 3 x [je 1 fM in die nächsten 2 M, 2 fM zus abm] (= 9 M).
11. Runde: 1 fM in jede M der Vorrd häkeln.
Das Ohr nicht ausstopfen, sondern flach drücken und die Öffnung mit Km zuhäkeln. Den Faden bis auf ein langes Fadenende zum Annähen am Kopf abschneiden und sichern.

Hinterbeine (2 x arb)

1. Runde: In Fb A einen Fadenring arb und 6 fM in den Ring häkeln (= 6 M).
2. Runde: 2 fM in jede M der Vorrd häkeln (= 12 M).
3. Runde: 6 x [1 fM in die nächste M, 2 fM in die folg M] (= 18 M).

4. Runde: Nur unter dem hMg jeder M einstechen, 1 fM in jede M der Vorrd häkeln.
5.-8. Runde: 1 fM in jede M der Vorrd häkeln.
9. Runde: 2 x [je 1 fM in die nächsten 7 M, 2 fM zus abm] (= 16 M).
Die Hinterpfote mit Füllwatte ausstopfen und das Bein während des Weiterhäkelns nach und nach bis zur halben Höhe leicht mit Füllwatte füllen.
10. Runde: 1 fM in jede M der Vorrd häkeln.
11. Runde: 1 Schlm in jede M der Vorrd häkeln.
12. und 13. Runde: 1 fM in jede M der Vorrd häkeln.
14. Runde: 1 Schlm in jede M der Vorrd häkeln.
15. und 16. Runde: 1 fM in jede M der Vorrd häkeln.
17.-28. Runde: Die 14.-16. Rd noch 4 x wdh.
29.-32. Runde: 1 fM in jede M der Vorrd häkeln.
Die Öffnung mit Km zuhäkeln. Den Faden bis auf ein langes Fadenende zum Annähen am Körper abschneiden und sichern.

Vorderbeine (2 x arb)

1.-28. Runde: Wie die 1.-28. Rd der Hinterbeine häkeln.
Die Öffnung mit Km zuhäkeln. Den Faden bis auf ein langes Fadenende zum Annähen am Körper abschneiden und sichern.

Schwanz

1. Runde: In Fb A einen Fadenring arb und 6 fM in den Ring häkeln (= 6 M).

2. Runde: 2 fM in jede M der Vorrd häkeln (= 12 M).

3. Runde: Je 2 fM in die nächsten 3 M, je 1 fM in die nächsten 3 M, je 2 fM in die nächsten 3 M, 3 fM (= 18 M).

4. Runde: 9 x [1 Schlm, 1 fM].

5. Runde: 1 fM in jede M der Vorrd häkeln.

6. Runde: 9 x [1 Schlm, 1 fM].

7. Runde: 3 x [je 1 fM in die nächsten 4 M, 2 fM zus abm] (= 15 M).

8. Runde: 7 x [1 Schlm, 1 fM].

9. Runde: 3 x [je 1 fM in die nächsten 3 M, 2 fM zus abm] (= 12 M).

10. Runde: 6 x [1 Schlm, 1 fM].

11. Runde: 2 x [je 1 fM in die nächsten 4 M, 2 fM zus abm] (= 10 M).

Den Schwanz nicht mit Füllwatte ausstopfen. Die Öffnung mit Km zuhäkeln. Den Faden bis auf ein langes Fadenende zum Annähen am Körper abschneiden und sichern.

Herz

1. Runde: In Fb B ein Herz häkeln, wie auf Seite 34/35 beschrieben.

Fertigstellung

Allgemeine Hinweise zur Fertigstellung siehe Seite 28/29 und 31.

In Fb C von der Mitte des Fadenrings am Gesicht eine Y-förmige Nase aufsticken. Für die Augen jeweils 3 vertikale Spannstiche über die 8.–10. Rd sticken; die Augen sollten einen Abstand von ca. 10 M zueinander haben.

Die Ohren 9 R hinter dem oberen Ende der Augen annähen (die Innenkante der Ohren sollte etwa in einer Linie mit dem oberen Ende des jeweiligen Auges liegen).

Den Kopf auf die obere Öffnung des Körpers nähen und dabei gegebenenfalls Füllwatte nachstopfen, damit der Körper den Kopf auch wirklich trägt. Die Vorderbeine 4 Rd unter dem oberen Ende des Körpers annähen.

Die Beine 3 Rd vor dem Fadenring an der Unterseite des Körpers mit 1 M Abstand zueinander annähen. Den Schwanz so am Hinterteil annähen, dass er nach unten zeigt. Das Herz am Hinterteil annähen.

FAULTIER DORIS

Ali, die Mitgründerin von Wool Couture und Designerin aller Holzgegenstände, hat unser Faultier Doris Cooney gewidmet: einer freundlichen, kreativen Seele, die ihr Leben geliebt und viel gelacht hat. Sie war stets für eine gute Tasse Tee mit einem Stück Kuchen und ein wohlverdientes Nickerchen am Nachmittag zu haben.

Doris ist aus dem superdicken Merinogarn Cheeky Chunky gehäkelt.

SCHWIERIGKEITSGRAD: 🐰 🐰 🐰

Größe: ca. 70 cm

MATERIAL & WERKZEUG

▸ **Cheeky Chunky** von Wool Couture (100 % Merinowolle; LL 130 m/200 g)

A	Graubraun,	600 g
B	Wollweiß,	100 g
C	Dunkelbraun,	50 g
D	Babyrosa,	20 g
E	Schwarz,	Rest

▸ Häkelnadel 8 mm
▸ 200 g Füllwatte
▸ Sticknadel ohne Spitze

Anleitung

Körper

1. Runde: In Fb A einen Fadenring arb und 6 fM in den Ring häkeln (= 6 M).

2. Runde: 2 fM in jede M der Vorrd häkeln (= 12 M).

3. Runde: 6 x [1 fM in die nächste M, 2 fM in die folg M] (= 18 M).

4. Runde: 6 x [je 1 fM in die nächsten 2 M, 2 fM in die nächste M] (= 24 M).

5. Runde: 6 x [je 1 fM in die nächsten 3 M, 2 fM in die nächste M] (= 30 M).

6. Runde: 1 fM in jede M der Vorrd häkeln.

7. Runde: 6 x [je 1 fM in die nächsten 4 M, 2 fM in die nächste M] (= 36 M).

8. Runde: 1 fM in jede M der Vorrd häkeln.

9. Runde: 6 x [je 1 fM in die nächsten 5 M, 2 fM in die nächste M] (= 42 M).

10. Runde: 1 fM in jede M der Vorrd häkeln.

11. Runde: 6 x [je 1 fM in die nächsten 6 M, 2 fM in die nächste M] (= 48 M).

12. Runde: 1 fM in jede M der Vorrd häkeln.

13. Runde: 6 x [je 1 fM in die nächsten 7 M, 2 fM in die nächste M] (= 54 M).

14. Runde: 1 fM in jede M der Vorrd häkeln.

15. Runde: 6 x [je 1 fM in die nächsten 8 M, 2 fM in die nächste M] (= 60 M).

16. und 17. Runde: 1 fM in jede M der Vorrd häkeln.

18. Runde: 6 x [je 1 fM in die nächsten 9 M, 2 fM in die folg M] (= 66 M).

19. und 20. Runde: 1 fM in jede M der Vorrd häkeln.

21. Runde: 6 x [je 1 fM in die nächsten 9 M, 2 fM zus abm] (= 60 M).

22. Runde: 1 fM in jede M der Vorrd häkeln.

23. Runde: 6 x [je 1 fM in die nächsten 8 M, 2 fM zus abm] (= 54 M).

24. Runde: 1 fM in jede M der Vorrd häkeln.

25. Runde: 6 x [je 1 fM in die nächsten 7 M, 2 fM zus abm] (= 48 M).

26. Runde: 1 fM in jede M der Vorrd häkeln.

27. Runde: 6 x [je 1 fM in die nächsten 6 M, 2 fM zus abm] (= 42 M).

28. Runde: 1 fM in jede M der Vorrd häkeln.

29. Runde: 6 x [je 1 fM in die nächsten 5 M, 2 fM zus abm] (= 36 M).

30.–32. Runde: 1 fM in jede M der Vorrd häkeln.

33. Runde: 6 x [je 1 fM in die nächsten 4 M, 2 fM zus abm] (= 30 M).

34. Runde: 1 fM in jede M der Vorrd häkeln, die Rd mit 1 Km schließen.

Den Körper mit Füllwatte ausstopfen.

Den Faden bis auf ein langes Fadenende zum Annähen des Kopfes abschneiden und sichern.

Der Kopf wird mit Fb-Wechseln in Intarsien- bzw. Jacquardtechnik gehäkelt. Bei der Intarsientechnik wird für jede Fb-Fläche ein eigener kleiner Knäuel verwendet, bei der Jacquardtechnik wird der gerade nicht verwendete Faden auf den M der Vorrd mitgeführt und mit umhäkelt. Wechseln Sie die Fb beim letzten Abm der letzten M in der vorhergehenden Fb. Ein Beispiel: „6 fM, in Fb A 4 fM, in Fb B 6 fM, in Fb A 25 fM, in Fb B 1 fM" bedeutet Folgendes: 6 fM in der bisherigen Fb häkeln und die letzten 2 Schlingen der letzten M bereits in Fb A abm, dann 4 fM in Fb A häkeln, die letzten 2 Schlingen der letzten M bereits in Fb B abm, 6 M in Fb B häkeln, die letzten 2 Schlingen der letzten M bereits in Fb A abm, 25 fM in Fb A häkeln, die letzten 2 Schlingen der letzten M in Fb B abm und 1 fM in Fb B häkeln. Damit haben Sie 6 fM in der Fb der Vorrd, 4 fM in Fb A, 6 fM in Fb B, 25 fM in Fb A und 1 fM in Fb B.
„4 fM" bedeutet, dass je 1 fM in die nächsten 4 M der Vorrd gehäkelt werden sollen.

Kopf

1. Runde: In Fb A einen Fadenring arb und 6 fM in den Ring häkeln (= 6 M).
2. Runde: 2 fM in jede M der Vorrd häkeln (= 12 M).
3. Runde: 6 x [1 fM in die nächste M, 2 fM in die folg M] (= 18 M).
4. Runde: 6 x [je 1 fM in die nächsten 2 M, 2 fM in die nächste M] (= 24 M).
5. Runde: 6 x [je 1 fM in die nächsten 3 M, 2 fM in die nächste M] (= 30 M).
6. Runde: 6 x [je 1 fM in die nächsten 4 M, 2 fM in die nächste M] (= 36 M).

7. Runde: 6 x [je 1 fM in die nächsten 5 M, 2 fM in die nächste M] (= 42 M).
8. und 9. Runde: 1 fM in jede M der Vorrd häkeln.
10. Runde: 1 fM in jede M der Vorrd häkeln; die letzten 2 Schlingen der letzten M bereits in Fb B abm.
In Jacquard- bzw. Intarsientechnik in Fb A, B und C weiterhäkeln wie folgt:
11. Runde: 6 fM, in Fb A 4 fM, in Fb B 6 fM, in Fb A 25 fM, in Fb B 1 fM.
12. Runde: 8 fM, in Fb A 1 fM, in Fb B 9 fM, in Fb A 23 fM, in Fb B 1 fM.
13. Runde: 19 fM, in Fb A 23 fM, Fb B.
14. Runde: 4 fM, in Fb C 3 fM, in Fb B 5 fM, in Fb C 3 fM, in Fb B 4 fM, in Fb A 23 fM.
15. Runde: 2 fM, in Fb B 2 fM, in Fb C 4 fM, in Fb B 4 fM, in Fb C 4 fM, in Fb B 2 fM, in Fb A 24 fM.
16. Runde: 4 fM, in Fb C 4 fM, in Fb B 5 fM, in Fb C 4 fM, in Fb A 25 fM.
17. Runde: 3 fM, in Fb C 4 fM, in Fb B 7 fM, in Fb C 4 fM, in Fb A 24 fM.
18. Runde: 3 fM, in Fb C 3 fM, in Fb A 3 fM, in Fb B 4 fM, in Fb A 3 fM, in Fb C 4 fM, in Fb A 22 fM.
19. Runde: 2 fM, in Fb C 4 fM, in Fb B 5 fM, in Fb B 1 fM, in Fb A 5 fM, in Fb C 4 fM, in Fb A 21 fM.
20. Runde: 2 fM, in Fb C 3 fM, in Fb A 14 fM, in Fb C 3 fM, in Fb A 20 fM.
Nur in Fb A weiterhäkeln wie folgt:
21. Runde: 6 x [je 1 fM in die nächsten 5 M, 2 fM zus abm] (= 36 M).
22. Runde: 1 fM in jede M der Vorrd häkeln.
23. Runde: 6 x [je 1 fM in die nächsten 4 M, 2 fM zus abm] (= 30 M).
Den Faden abschneiden und sichern. Den Kopf mit Füllwatte ausstopfen.

Beine (4 x arb)

1. Runde: In Fb A einen Fadenring arb und 6 fM in den Ring häkeln (= 6 M).
2. Runde: 2 fM in jede M der Vorrd häkeln (= 12 M).
3. Runde: 6 x [1 fM in die nächste M, 2 fM in die folg M] (= 18 M).
4. und 5. Runde: 1 fM in jede M der Vorrd häkeln.
6. Runde: 3 x [je 1 fM in die nächsten 4 M, 2 fM zus abm] (= 15 M).
7. Runde: 1 fM in jede M der Vorrd häkeln.
Nun die Krallen anhäkeln. Dazu den Fuß flach drücken und den Faden in Fb B am Fadenring anschlingen.
1. Kralle: 7 Lm, je 1 Km in die 2. Lm von der Häkelnd aus häkeln.
Den Faden abschneiden und sichern. Die Fadenenden im Inneren des Fußes verstechen.
2. und 3. Kralle: Rechts und links von der 1. Kralle häkeln, wie bei der 1. Kralle beschrieben.
Das Bein in Fb A weiterhäkeln wie folgt:
8. Runde: 3 x [je 1 fM in die nächsten 3 M, 2 fM zus abm] (= 12 M).
9.-25. Runde: 1 fM in jede M der Vorrd häkeln.
26. Runde: 3 x [je 1 fM in die nächsten 3 M, 2 fM in die folg M] (= 15 M).
27. Runde: 1 fM in jede M der Vorrd häkeln.
28. Runde: 3 x [4 fM, 2 fM in die nächste M] (= 18 M).
29. Runde: 1 fM in jede M der Vorrd häkeln.
Die Öffnung mit Km zuhäkeln. Den Faden bis auf ein langes Fadenende zum Annähen am Körper abschneiden und sichern.

Herz

1. Runde: In Fb D ein Herz häkeln, wie auf Seite 34/35 beschrieben.

Fertigstellung

Allgemeine Hinweise zur Fertigstellung siehe Seite 28/29 und 31.
In Fb E 1 M oberhalb der unteren Mitte des wollweißen Gesichtsflecks beginnend eine dreieckige Nase aufsticken. Ebenfalls in Fb E für jedes Auge 3 vertikale Spannstiche in die Mitte der 2. Rd der braunen Augenflecken sticken. Den Kopf auf die obere Öffnung des Körpers nähen und dabei gegebenenfalls Füllwatte nachstopfen, damit der Körper den Kopf auch wirklich trägt. Die Beine vertikal seitlich am Körper annähen: die Vorderbeine 3 Rd unterhalb des Halses, die Hinterbeine 6 Rd unterhalb der Unterkante der Vorderbeine. Das Herz am Hinterteil annähen.

SCHWEIN CLARENCE

Als ich in Saddlewort im ländlichen Yorkshire lebte, lag etwas weiter die Straße hinauf ein kleiner Bauernhof. Die Bauersleute hatten ein Schwein, bei dem ich jedes Mal, wenn ich vorbeikam, Halt machte, um mit ihm zu reden. Das Schwein hatte Ferkel, und Clarence ist eine Hommage an diese kleinen Schweinchen, die mich zum Lächeln brachten.
Clarence ist aus dem extradicken Merinogarn Cheeky Chunky gehäkelt.

SCHWIERIGKEITSGRAD: 🐰

Größe: ca. 70 cm

MATERIAL & WERKZEUG

▸ **Cheeky Chunky** von Wool Couture
(100 % Merinowolle; LL 130 m/200 g):
  A Babyrosa, 600 g
  B Naturgrau, 150 g
  C Schwarz, Rest
▸ Häkelnadel 8 mm
▸ 200 g Füllwatte
▸ Maschenmarkierer
▸ Sticknadel ohne Spitze

Anleitung

Körper

1. Runde: In Fb A einen Fadenring arb und 6 fM in den Ring häkeln (= 6 M).
2. Runde: 2 fM in jede M der Vorrd häkeln (= 12 M).
3. Runde: 6 x [1 fM in die nächste M, 2 fM in die folg M] (= 18 M).
4. Runde: 6 x [je 1 fM in die nächsten 2 M, 2 fM in die nächste M] (= 24 M).
5. Runde: 6 x [je 1 fM in die nächsten 3 M, 2 fM in die nächste M] (= 30 M).
6. Runde: 6 x [je 1 fM in die nächsten 4 M, 2 fM in die nächste M] (= 36 M).
7. Runde: 6 x [je 1 fM in die nächsten 5 M, 2 fM in die nächste M] (= 42 M).
8. Runde: 6 x [je 1 fM in die nächsten 6 M, 2 fM in die nächste M] (= 48 M).
9. Runde: 6 x [je 1 fM in die nächsten 7 M, 2 fM in die nächste M] (= 54 M).
10. Runde: 6 x [je 1 fM in die nächsten 8 M, 2 fM in die nächste M] (= 60 M).
11.-15. Runde: 1 fM in jede M der Vorrd häkeln.
16. Runde: 6 x [je 1 fM in die nächsten 8 M, 2 fM zus abm] (= 54 M).
17. und 18. Runde: 1 fM in jede M der Vorrd häkeln.
19. Runde: 6 x [je 1 fM in die nächsten 7 M, 2 fM zus abm] (= 48 M).
20. und 21. Runde: 1 fM in jede M der Vorrd häkeln.
22. Runde: 6 x [je 1 fM in die nächsten 6 M, 2 fM zus abm] (= 42 M).

23.-26. Runde: 1 fM in jede M der Vorrd häkeln.
27. Runde: 6 x [je 1 fM in die nächsten 5 M, 2 fM zus abm] (= 36 M).
28.-30. Runde: 1 fM in jede M der Vorrd häkeln.
31. Runde: 6 x [je 1 fM in die nächsten 4 M, 2 fM zus abm] (= 30 M).
32. Runde: 1 fM in jede M der Vorrd häkeln.
33. Runde: 6 x [je 1 fM in die nächsten 3 M, 2 fM zus abm] (= 24 M).
34. Runde: 1 fM in jede M der Vorrd häkeln, die Rd mit 1 Km schließen.
Den Körper mit Füllwatte ausstopfen.
Den Faden bis auf ein langes Fadenende zum Annähen des Kopfes abschneiden und sichern.

Kopf

1. Runde: In Fb A einen Fadenring arb und 6 fM in den Ring häkeln (= 6 M).
2. Runde: 2 fM in jede M der Vorrd häkeln (= 12 M).
3. Runde: 6 x [1 fM in die nächste M, 2 fM in die folg M] (= 18 M).
4. Runde: 1 fM in jede M der Vorrd häkeln.
5. Runde: 6 x [je 1 fM in die nächsten 2 M, 2 fM in die nächste M] (= 24 M).
6. Runde: 6 x [je 1 fM in die nächsten 3 M, 2 fM in die nächste M] (= 30 M).
7. Runde: 1 fM in jede M der Vorrd häkeln.
8. Runde: 6 x [je 1 fM in die nächsten 4 M, 2 fM in die nächste M] (= 36 M).
9. Runde: 1 fM in jede M der Vorrd häkeln.
10. Runde: 6 x [je 1 fM in die nächsten 5 M, 2 fM in die nächste M] (= 42 M).
11. Runde: 1 fM in jede M der Vorrd häkeln.
12. Runde: 6 x [je 1 fM in die nächsten 6 M, 2 fM in die nächste M] (= 48 M).
13. und 14. Runde: 1 fM in jede M der Vorrd häkeln.

Nun den Kopf während des Weiterhäkelns nach und nach mit Füllwatte ausstopfen.
15. Runde: 6 x [je 1 fM in die nächsten 6 M, 2 fM zus abm] (= 42 M).
16. Runde: 7 fM, 1 verschließbaren MM oder ein kontrastfarbiges Fädchen einhängen (= Unterseite des Kopfes), 5 x [je 1 fM in die nächsten 5 M, 2 fM zus abm] (= 37 M).
17. Runde: 7 fM, 5 x [je 1 fM in die nächsten 4 M, 2 fM zus abm] (= 32 M).
18. Runde: 7 fM, 5 x [je 1 fM in die nächsten 3 M, 2 fM zus abm] (= 27 M).
19. Runde: 7 fM, 5 x [je 1 fM in die nächsten 2 M, 2 fM zus abm] (= 22 M).
20. Runde: 7 fM, 5 x [1 fM in die nächste M, 2 fM zus abm] (= 17 M).
21. und 22. Runde: 1 fM in jede M der Vorrd häkeln.
23. Runde: 2 fM, 5 x [1 fM in die nächste M, 2 fM zus abm] (= 12 M).
24. Runde: 1 fM in jede M der Vorrd häkeln.
Den Faden abschneiden und sichern. Das Loch nicht schließen.

Ohren (2 x arb)

1. Runde: In Fb A einen Fadenring arb und 6 fM in den Ring häkeln (= 6 M).
2. Runde: 1 fM in jede M der Vorrd häkeln (= 6 M).
3. Runde: 3 x [1 fM in die nächste M, 2 fM in die folg M] (= 9 M).
4. Runde: 3 x [je 1 fM in die nächsten 2 M, 2 fM in die folg M] (= 12 M).
5. Runde: 3 x [je 1 fM in die nächsten 3 M, 2 fM in die folg M] (= 15 M).
6. und 7. Runde: 1 fM in jede M der Vorrd häkeln.
8. Runde: 3 x [je 1 fM in die nächsten 3 M, 2 fM zus abm] (= 12 M).
9. Runde: 1 fM in jede M der Vorrd häkeln.

10. Runde: 3 x [je 1 fM in die nächsten 2 M, 2 fM zus abm] (= 9 M).
11. Runde: 1 fM in jede M der Vorrd häkeln.
Den Faden bis auf ein langes Fadenende zum Annähen abschneiden und sichern. Die Ohren nicht mit Füllwatte ausstopfen.

Schnauze

1. Runde: In Fb B einen Fadenring arb und 6 fM in den Ring häkeln (= 6 M).
2. Runde: 2 fM in jede M der Vorrd häkeln (= 12 M).
Den Faden nicht abschneiden, denn die Schnauze wird später direkt an die Nase angehäkelt.

Vorderbeine (2 x arb)

1. Runde: In Fb B einen Fadenring arb und 6 fM in den Ring häkeln (= 6 M).

2. Runde: 2 fM in jede M der Vorrd häkeln (= 12 M).

3. Runde: 6 x [1 fM in die nächste M, 2 fM in die folg M] (= 18 M).

4. Runde: Je 2 fM in die nächsten 3 M, je 1 fM in die nächsten 6 M, je 2 fM in die nächsten 3 M, je 1 fM in die nächsten 6 M (= 24 M).

5. Runde: In dieser Rd nur unter dem hinteren Mg jeder M einstechen: 1 fM in jede M der Vorrd häkeln.

6. und 7. Runde: 1 fM in jede M der Vorrd häkeln.

8. Runde: 4 x [je 1 fM in die nächsten 4 M, 2 fM zus abm] (= 20 M).

9. Runde: 1 fM in jede M der Vorrd häkeln.

10. Runde: 4 x [je 1 fM in die nächsten 3 M, 2 fM zus abm] (= 16 M).

11. Runde: 1 fM in jede M der Vorrd häkeln; die letzten 2 Schlingen der letzten M bereits in Fb A abm.

In Fb A weiterhäkeln wie folgt:

12. Runde: 1 fM in jede M der Vorrd häkeln.

In Fb B einen langen vertikalen Spannstich von der Mitte des Fadenrings aus zur Oberkante des grauen Teils arb, um den Huf zu teilen. Den Fuß mit Füllwatte ausstopfen. Während des Weiterhäkelns das Vorderbein bis zur halben Höhe locker mit Füllwatte ausstopfen.

13.–29. Runde: 1 fM in jede M der Vorrd häkeln.

Die obere Öffnung durch Km im rechten Winkel zu dem vertikalen Stich auf dem Huf schließen. Dadurch ist sichergestellt, dass der Huf nach dem Annähen des Vorderbeins an den Körper nach vorne zeigt. Den Faden bis auf ein langes Fadenende zum Annähen am Körper abschneiden und sichern.

Hinterbeine (2 x arb)

1. Runde: In Fb B einen Fadenring arb und 6 fM in den Ring häkeln (= 6 M).

2. Runde: 2 fM in jede M der Vorrd häkeln (= 12 M).

3. Runde: 6 x [1 fM in die nächste M, 2 fM in die folg M] (= 18 M).

4. Runde: Je 2 fM in die nächsten 3 M, je 1 fM in die nächsten 6 M, je 2 fM in die nächsten 3 M, je 1 fM in die nächsten 6 M (= 24 M).

5. Runde: In dieser Rd nur unter dem hinteren Mg jeder M einstechen: 1 fM in jede M der Vorrd häkeln.

6. und 7. Runde: 1 fM in jede M der Vorrd häkeln.

8. Runde: 4 x [je 1 fM in die nächsten 4 M, 2 fM zus abm] (= 20 M).

9. Runde: 1 fM in jede M der Vorrd häkeln.

10. Runde: 4 x [je 1 fM in die nächsten 3 M, 2 fM zus abm] (= 16 M).

11. Runde: 1 fM in jede M der Vorrd häkeln; die letzten 2 Schlingen der letzten M bereits in Fb A abm.

In Fb A weiterhäkeln wie folgt:

12. Runde: 1 fM in jede M der Vorrd häkeln.

In Fb B einen langen vertikalen Spannstich von der Mitte des Fadenrings aus zur Oberkante des grauen Teils arb, um den Huf zu teilen. Den Fuß mit Füllwatte ausstopfen. Während des Weiterhäkelns das Vorderbein bis zur halben Höhe locker mit Füllwatte ausstopfen.

13.–32. Runde: 1 fM in jede M der Vorrd häkeln.

Die Öffnung mit Km zuhäkeln. Den Faden bis auf ein langes Fadenende zum Annähen am Körper abschneiden und sichern.

Schwanz

1. Reihe: In Fb A 12 Lm anschl. Je 2 fM in die 2. Lm von der Häkelnd aus und in jede folg Lm häkeln (= 22 M).
Den Faden bis auf ein langes Fadenende zum Annähen am Körper abschneiden und sichern.

Herz

1. Runde: In Fb B ein Herz häkeln, wie auf Seite 34/35 beschrieben.

Fertigstellung

Allgemeine Hinweise zur Fertigstellung siehe Seite 28/29 und 31.
Für die Nasenlöcher jeweils 2 vertikale Spannstiche über 1 Rd der Schnauze sticken. Die Schnauze auf dem Loch des Gesichts platzieren und mit 1 fM in jede M rundum anhäkeln. In Fb C für jedes Auge 3 vertikale Spannstiche über die 16. und 17. Rd des Kopfes sticken; die Augen sollen einen Abstand von ca. 7 M zueinander haben.

Die Ohren an der Unterkante mittig falten und diesen leichten Knick mit ein paar Stichen fixieren. Die Ohren 5 Rd hinter dem oberen Ende der Augen annähen (die Innenkante der Ohren sollte etwa in einer Linie mit dem oberen Ende des jeweiligen Auges liegen).
Den Kopf auf die obere Öffnung des Körpers nähen und dabei gegebenenfalls Füllwatte nachstopfen, damit der Körper den Kopf auch wirklich trägt. Die Vorderbeine ca. 4 Rd unterhalb des Halses rechts und links am Körper annähen.
Die Hinterbeine im Abstand von 2 M zueinander horizontal 2 Rd vor dem Fadenring so unter dem Körper des Schweins annähen, dass die vertikale Markierung auf den Hufen nach vorne zeigt. Den Ringelschwanz mittig am Hinterteil des Schweins annähen. Das Herz daneben annähen.

LAMM LIONEL

Bei dem Firmennamen „Wool Couture" musste ich einfach das Tier anfertigen, das unsere fantastische Wolle liefert. Ich habe Lionel auch in Schwarz gehäkelt. Der Grund dafür ist, dass ich mich immer wie das schwarze Schaf der Familie gefühlt habe: Ich wurde nach der Geburt adoptiert und hatte stets das Gefühl, nicht richtig dazuzugehören. Jetzt habe ich meine eigene kleine Herde und glaube, meinen perfekten Platz im Leben gefunden zu haben.

Lionel wurde aus dem superdicken Merinogarn Cheeky Chunky gestrickt.

Anleitung

Körper

1. Runde: In Fb A einen Fadenring arb und 6 fM in den Ring häkeln (= 6 M).

2. Runde: 6 x [1 Bm in die nächste M, 1 fM in die folg M] (= 12 M).

3. Runde: 6 x [1 fM in die nächste M, 2 fM in die folg M] (= 18 M).

4. Runde: 6 x [1 Bm in die nächste M, 1 fM in die nächste M, 2 fM in die nächste M] (= 24 M).

5. Runde: 6 x [je 1 fM in die nächsten 3 M, 2 fM in die nächste M] (= 30 M).

6. Runde: 6 x [1 Bm in die nächste M, je 1 fM in die nächsten 2 M, 1 Bm in die nächste M, 2 fM in die nächste M] (= 36 M).

7. Runde: 6 x [je 1 fM in die nächsten 5 M, 2 fM in die nächste M] (= 42 M).

8. Runde: 6 x [1 Bm in die nächste M, je 1 fM in die nächsten 3 M, 1 Bm in die nächste M, 1 fM, 2 fM in die nächste M] (= 48 M).

9. Runde: 6 x [je 1 fM in die nächsten 7 M, 2 fM in die nächste M] (= 54 M).

10. Runde: 6 x [1 Bm in die nächste M, je 1 fM in die nächsten 4 M, 1 Bm in die nächste M, 2 fM, 2 fM in die nächste M] (= 60 M).

11. Runde: 1 fM in jede M der Vorrd häkeln.

12. Runde: 20 x [1 Bm in die nächste M, je 1 fM in die nächsten 2 M].

13. Runde: 1 fM in jede M der Vorrd häkeln.

14. Runde: 20 x [1 Bm in die nächste M, je 1 fM in die nächsten 2 M].

15. Runde: 1 fM in jede M der Vorrd häkeln.

16. Runde: 6 x {2 x [1 Bm in die nächste M, je 1 fM in die nächsten 2 M], 1 Bm in die nächste M, 1 fM in die nächste M, 2 fM zus abm} (= 54 M).

17. Runde: 1 fM in jede M der Vorrd häkeln (= 54 M).

SCHWIERIGKEITSGRAD: 🐑🐑

Größe: ca. 72 cm

MATERIAL & WERKZEUG

▶ **Cheeky Chunky** von Wool Couture (100 % Merinowolle; LL 130 m/200 g):
  A   Wollweiß (oder Schwarz), 400 g
  B   Naturgrau, 400 g
  C   Babyrosa, 20 g
  D   Schwarz, Rest
▶ Häkelnadel 8 mm
▶ 160 g Füllwatte
▶ Maschenmarkierer
▶ Sticknadel ohne Spitze

BESONDERE MASCHE

Büschelmasche (Bm), siehe Seite 24.

18. Runde: 18 x [1 Bm in die nächste M, je 1 fM in die nächsten 2 M] (= 54 M).

19. Runde: 6 x [je 1 fM in die nächsten 7 M, 2 fM zus abm] (= 48 M).

20. Runde: 16 x [1 Bm in die nächste M, je 1 fM in die nächsten 2 M].

21. Runde: 1 fM in jede M der Vorrd häkeln.

22. Runde: Wie die 20. Rd häkeln.

23. Runde: 6 x [je 1 fM in die nächsten 6 M, 2 fM zus abm] (= 42 M).

24. Runde: 14 x [1 Bm in die nächste M, je 1 fM in die nächsten 2 M].

25. Runde: 1 fM in jede M der Vorrd häkeln.

26. Runde: Wie die 24. Rd häkeln.

27. Runde: 6 x [je 1 fM in die nächsten 5 M, 2 fM zus abm] (= 36 M).

28. Runde: 12 x [1 Bm in die nächste M, je 1 fM in die nächsten 2 M].

29. Runde: 1 fM in jede M der Vorrd häkeln.

30. Runde: Wie die 28. Rd häkeln.

31. Runde: 6 x [je 1 fM in die nächsten 4 M, 2 fM zus abm] (= 30 M).

32. Runde: 10 x [1 Bm in die nächste M, je 1 fM in die nächsten 2 M].

33. Runde: 6 x [je 1 fM in die nächsten 3 M, 2 fM zus abm] (= 24 M).

34. Runde: 1 fM in jede M der Vorrd häkeln, die Rd mit 1 Km schließen.

Den Körper mit Füllwatte ausstopfen. Den Faden bis auf ein langes Fadenende zum Annähen des Kopfes abschneiden und sichern.

Kopf

1. Runde: In Fb B einen Fadenring arb und 6 fM in den Ring häkeln (= 6 M).

2. Runde: 2 fM in jede M der Vorrd häkeln (= 12 M).

3. Runde: 6 x [1 fM in die nächste M, 2 fM in die folg M] (= 18 M).

4. und 5. Runde: 1 fM in jede M der Vorrd häkeln.

Nach der 1. Zun in der nächsten Rd einen MM oder einen kontrastfarbenen Faden einhängen (= obere Kopfmitte).

6. Runde: 6 x [je 1 fM in die nächsten 2 M, 2 fM in die nächste M] (= 24 M).

7. Runde: 6 x [je 1 fM in die nächsten 3 M, 2 fM in die nächste M] (= 30 M).

8. Runde: 1 fM in jede M der Vorrd häkeln.

9. Runde: 5 x [2 fM in die nächste M, 1 fM in die folg M], je 1 fM in die nächsten 18 M, 2 fM in die nächste M, 1 fM in die letzte M (= 36 M).

10. Runde: 1 fM in jede M der Vorrd häkeln.

11. Runde: 6 x [5 fM, 2 fM in die nächste M], die letzten 2 Schlingen der letzten M bereits in Fb A abm (= 42 M).

In Fb A weiterhäkeln wie folgt:

12. Runde: 1 fM in jede M der Vorrd häkeln.

Das Häkelteil während des Weiterarbeitens nach und nach mit Füllwatte ausstopfen.

13. Runde: 21 x [1 Bm in die nächste M, je 1 fM in die nächsten 2 M].

14. Runde: 1 fM in jede M der Vorrd häkeln.

15. Runde: Wie die 13. Rd häkeln.

16. Runde: 1 fM in jede M der Vorrd häkeln.

17. Runde: 6 x {2 x [1 Bm in die nächste M, 1 fM in die nächste M], 1 Bm in die nächste M, 2 fM zus abm} (= 36 M).

18. Runde: 6 x [je 1 fM in die nächsten 4 M, 2 fM zus abm] (= 30 M).

19. Runde: 15 x [1 Bm in die nächste M, je 1 fM in die nächsten 2 M].

20. Runde: 6 x [je 1 fM in die nächsten 3 M, 2 fM zus abm] (= 24 M).

21. Runde: 6 x [1 Bm in die nächste M, 1 fM in die nächste M, 2 fM zus abm] (= 18 M).

22. Runde: 6 x [1 fM in die nächste M, 2 fM zus abm] (= 12 M).
23. Runde: 6 x 2 fM zus abm (= 6 M).
Den Faden abschneiden und sichern. Das verbleibende Loch schließen.

Ohren (2 x arb)

1. Runde: In Fb B einen Fadenring arb und 6 fM in den Ring häkeln (= 6 M).
2. Runde: 2 x [2 fM in die nächste M, je 1 fM in die nächsten 2 M] (= 8 M).
3. Runde: 1 fM in jede M der Vorrd häkeln.
4. Runde: 4 x [2 fM in die nächste M, 1 fM in die nächste M] (= 12 M).
5.-8. Runde: 1 fM in jede M der Vorrd häkeln.
9. Runde: 3 x [2 fM in die nächste M, 3 fM] (= 15 M).
10.-13. Runde: 1 fM in jede M der Vorrd häkeln.
14. Runde: 3 x [2 fM zus abm, 3 fM] (= 12 M).
15. Runde: 1 fM in jede M der Vorrd häkeln, die Rd mit 1 Km schließen.
Das Ohr nicht ausstopfen. Die Öffnung mit Km zuhäkeln. Die Unterkante des Ohrs mittig falten und den Knick mit ein paar Stichen fixieren. Den Faden bis auf ein langes Fadenende zum Annähen am Kopf abschneiden und sichern.

Vorderbeine (2 x arb)

1. Runde: In Fb A einen Fadenring arb und 6 fM in den Ring häkeln (= 6 M).
2. Runde: 2 fM in jede M der Vorrd häkeln (= 12 M).
3. Runde: 6 x [1 fM in die nächste M, 2 fM in die folg M] (= 18 M).
4. Runde: 6 x [je 1 fM in die nächsten 2 M, 2 fM in die nächste M], die letzten 2 Schlingen der letzten M bereits in Fb B abm (= 24 M).
5.-8. Runde: 1 fM in jede M der Vorrd häkeln.
9. Runde: Je 1 fM in die nächsten 6 M, 6 x 2 fM zus abm, je 1 fM in die nächsten 6 M (= 18 M).
10. Runde: Je 1 fM in die nächsten 6 M, 3 x 2 fM zus abm, je 1 fM in die nächsten 6 M (= 15 M).
Den Fuß mit Füllwatte ausstopfen und das Bein bis zur halben Höhe leicht mit Füllwatte füllen.
11.-28. Runde: 1 fM in jede M der Vorrd häkeln.
Die Oberkante flach drücken und mit Km zusammenhäkeln. Den Faden bis auf ein langes Ende zum Annähen am Körper abschneiden und sichern.

Hinterbeine (2 x arb)

1. Runde: In Fb A einen Fadenring arb und 6 fM in den Ring häkeln (= 6 M).

2. Runde: 2 fM in jede M der Vorrd häkeln (= 12 M).

3. Runde: 6 x [1 fM in die nächste M, 2 fM in die folg M] (= 18 M).

4. Runde: 6 x [je 1 fM in die nächsten 2 M, 2 fM in die nächste M] (= 24 M).

5. Runde: 6 x [je 1 fM in die nächsten 3 M, 2 fM in die nächste M], die letzten 2 Schlingen der letzten M bereits in Fb B abm (= 30 M).

6.-9. Runde: 1 fM in jede M der Vorrd häkeln.

10. Runde: Je 1 fM in die nächsten 7 M, 8 x 2 fM zus abm, je 1 fM in die nächsten 7 M (= 22 M).

11. Runde: Je 1 fM in die nächsten 7 M, 4 x 2 fM zus abm, je 1 fM in die nächsten 7 M (= 18 M).

12. Runde: Je 1 fM in die nächsten 7 M, 2 x 2 fM zus abm, je 1 fM in die nächsten 7 M (= 16 M).

Den Fuß mit Füllwatte ausstopfen und das Bein bis zur halben Höhe leicht mit Füllwatte füllen.

13.-32. Runde: 1 fM in jede M der Vorrd häkeln.

Die Oberkante flach drücken und mit Km zusammenhäkeln. Den Faden bis auf ein langes Ende zum Annähen am Körper abschneiden und sichern.

Herz

1. Runde: In Fb C ein Herz häkeln, wie auf Seite 34/35 beschrieben.

Fertigstellung

Allgemeine Hinweise zur Fertigstellung siehe Seite 28/29 und 31.

Den Kopf mit der richtigen Seite nach oben halten (der MM in der 6. Rd kennzeichnet die Oberseite des Kopfes) und von der Mitte des Fadenrings aus eine Y-förmige Nase und ein Maul in Fb D aufsticken. Ebenfalls in Fb D für jedes Auge 3 vertikale Spannstiche über die 8. und 9. Rd sticken; die Augen haben einen Abstand von ca. 6 M zueinander. Die Ohren direkt hinter der 1. Bm-Rd am Kopf annähen. Sie sollten in der Verlängerung der Linien von der Nase und durch die Augen etwa ein V bilden. Den Kopf auf die obere Öffnung des Körpers nähen und dabei gegebenenfalls Füllwatte nachstopfen, damit der Körper den Kopf auch wirklich trägt. Die Vorderbeine ca. 2 Rd unterhalb des Halses rechts und links am Körper annähen. Die Hinterbeine horizontal rechts und links vom Anfangsfadenring an der Unterseite des Körpers annähen.

KOALA MATILDA MIT BABY

Amy aus dem Wool-Couture-Team fand, wir sollten einen Koala in unser erstes Buch aufnehmen, denn Koalas sind ihre Lieblingstiere, deren entspannte Lebensweise sie bewundert. Wer würde schließlich nicht den ganzen Tag lang im Lieblingsbaum sitzen und seine Leibspeise mampfen?
Matilda ist aus dem superdicken Merinogarn Cheeky Chunky gehäkelt, ihr Baby ist aus dem dünneren Merino-Mischgarn Beau Baby gearbeitet.

SCHWIERIGKEITSGRAD: 🐨

Größe: ca. 65 cm; Baby: ca. 35 cm

MATERIAL & WERKZEUG

FÜR DEN GROSSEN KOALA:
▸ **Cheeky Chunky** von Wool Couture (100 % Merinowolle; LL 130 m/200 g):

A	Naturgrau,	600 g
B	Schwarz,	30 g
C	Babyrosa,	20 g

▸ Häkelnadel 8 mm
▸ 160 g Füllwatte

FÜR DAS KOALA-BABY:
▸ **Beau Baby** von Wool Couture (50 % Merinowolle, 50 % Polyacryl; LL 90 m/50 g):

A	Grau,	100 g
B	Schwarz,	Rest

▸ Häkelnadel 3, 5 mm
▸ 80 g Füllwatte

FÜR BEIDE KOALAS:
▸ Sticknadel ohne Spitze

Anleitung

Körper

1. Runde: In Fb A einen Fadenring arb und 6 fM in den Ring häkeln (= 6 M).
2. Runde: 2 fM in jede M der Vorrd häkeln (= 12 M).
3. Runde: 6 x [1 fM in die nächste M, 2 fM in die folg M] (= 18 M).
4. Runde: 6 x [je 1 fM in die nächsten 2 M, 2 fM in die nächste M] (= 24 M).
5. Runde: 6 x [je 1 fM in die nächsten 3 M, 2 fM in die nächste M] (= 30 M).
6. Runde: 6 x [je 1 fM in die nächsten 4 M, 2 fM in die nächste M] (= 36 M).
7. Runde: 6 x [je 1 fM in die nächsten 5 M, 2 fM in die nächste M] (= 42 M).
8. Runde: 6 x [je 1 fM in die nächsten 6 M, 2 fM in die nächste M] (= 48 M).
9. Runde: 6 x [je 1 fM in die nächsten 7 M, 2 fM in die nächste M] (= 54 M).
10. Runde: 6 x [je 1 fM in die nächsten 8 M, 2 fM in die nächste M] (= 60 M).
11.–15. Runde: 1 fM in jede M der Vorrd häkeln.
16. Runde: 6 x [je 1 fM in die nächsten 8 M, 2 fM zus abm] (= 54 M).
17. und 18. Runde: 1 fM in jede M der Vorrd häkeln.
19. Runde: 6 x [je 1 fM in die nächsten 7 M, 2 fM zus abm] (= 48 M).
20. und 21. Runde: 1 fM in jede M der Vorrd häkeln.
22. Runde: 6 x [je 1 fM in die nächsten 6 M, 2 fM zus abm] (= 42 M).
23.–26. Runde: 1 fM in jede M der Vorrd häkeln.
27. Runde: 6 x [je 1 fM in die nächsten 5 M, 2 fM zus abm] (= 36 M).
28.–30. Runde: 1 fM in jede M der Vorrd häkeln.
31. Runde: 6 x [je 1 fM in die nächsten 4 M, 2 fM zus abm] (= 30 M).
32. Runde: 1 fM in jede M der Vorrd häkeln.

33. Runde: 6 x [je 1 fM in die nächsten 3 M, 2 fM zus abm] (= 24 M).
34. Runde: 1 fM in jede M der Vorrd häkeln, die Rd mit 1 Km schließen.
Den Körper mit Füllwatte ausstopfen.
Den Faden bis auf ein langes Fadenende zum Annähen des Kopfes abschneiden und sichern.

> ### Tipp
> Beide Koalas werden nach derselben Anleitung gehäkelt, doch wird für das Koala-Baby kein Herz gehäkelt.

Kopf

1. Runde: In Fb A einen Fadenring arb und 6 fM in den Ring häkeln (= 6 M).

2. Runde: 2 fM in jede M der Vorrd häkeln (= 12 M).

3. Runde: 6 x [1 fM in die nächste M, 2 fM in die folg M] (= 18 M).

4. Runde: 2 fM, je 2 fM in die nächsten 3 M, je 1 fM in die nächsten 6 M, je 2 fM in die nächsten 3 M, 4 fM (= 24 M).

5. Runde: 1 fM in jede M der Vorrd häkeln.

6. Runde: 4 fM, je 2 fM in die nächsten 3 M, je 1 fM in die nächsten 9 M, je 2 fM in die nächsten 3 M, 5 fM (= 30 M).

7. Runde: Je 1 fM in die nächsten 6 M, je 2 fM in die nächsten 3 M, 12 fM, je 2 fM in die nächsten 3 M, je 1 fM in die nächsten 6 M (= 36 M).

8. Runde: 1 fM in jede M der Vorrd häkeln.

9. Runde: Je 1 fM in die nächsten 8 M, je 2 fM in die nächsten 3 M, je 1 fM in die nächsten 15 M, je 2 fM in die nächsten 3 M, je 1 fM in die nächsten 7 M (= 42 M).

10. Runde: Je 1 fM in die nächsten 10 M, je 2 fM in die nächsten 3 M, je 1 fM in die nächsten 18 M, je 2 fM in die nächsten 3 M, je 1 fM in die nächsten 8 M (= 48 M).

11.–16. Runde: 1 fM in jede M der Vorrd häkeln.

17. Runde: 6 x [je 1 fM in die nächsten 6 M, 2 fM zus abm] (= 42 M).

18. Runde: 1 fM in jede M der Vorrd häkeln.

19. Runde: 6 x [je 1 fM in die nächsten 5 M, 2 fM zus abm] (= 36 M).

20. Runde: 6 x [je 1 fM in die nächsten 4 M, 2 fM zus abm] (= 30 M).

21. Runde: 1 fM in jede M der Vorrd häkeln.

22. Runde: 6 x [je 1 fM in die nächsten 3 M, 2 fM zus abm] (= 24 M).

23. Runde: 1 fM in jede M der Vorrd häkeln.

Den Kopf mit Füllwatte ausstopfen. Den Faden abschneiden und sichern.

Ohren (2 x arb)

1. Runde: In Fb A einen Fadenring arb und 6 fM in den Ring häkeln (= 6 M).
2. Runde: 2 fM in jede M der Vorrd häkeln (= 12 M).
3. Runde: 6 x [1 fM in die nächste M, 2 fM in die folg M] (= 18 M).
4. Runde: 6 x [2 fM in die nächste M, je 1 fM in die nächsten 2 M] (= 24 M).
5. Runde: 6 x [je 1 fM in die nächsten 3 M, 2 fM in die nächste M] (= 30 M).
6. Runde: 6 x [2 fM in die nächste M, je 1 fM in die nächsten 4 M] (= 36 M).
Das Ohr mittig falten und mit 1 fM in jede M durch beide Lagen hindurch entlang der Rundung zusammenhäkeln. Das Ohr nicht ausstopfen. Den Faden bis auf ein langes Fadenende zum Annähen am Kopf abschneiden und sichern.

Vorderbeine (2 x arb)

1. Runde: In Fb A einen Fadenring arb und 6 fM in den Ring häkeln (= 6 M).
2. Runde: 2 fM in jede M der Vorrd häkeln (= 12 M).
3. Runde: 6 x [1 fM in die nächste M, 2 fM in die folg M] (= 18 M).
4. und 5. Runde: 1 fM in jede M der Vorrd häkeln.
6. Runde: 5 fM, 4 x 2 fM zus abm, 5 fM (= 14 M).
7. Runde: Je 1 fM in die nächsten 6 M, 2 fM zus abm, je 1 fM in die nächsten 6 M (= 13 M).
Die Pfote mit Füllwatte ausstopfen und das Bein bis zur halben Höhe leicht mit Füllwatte füllen.
8.-25. Runde: 1 fM in jede M der Vorrd häkeln.
Die Oberkante flach drücken und mit Km zusammenhäkeln. Den Faden bis auf ein langes Ende zum Annähen am Körper abschneiden und sichern.

Hinterbeine (2 x arb)

1. Runde: In Fb A einen Fadenring arb und 6 fM in den Ring häkeln (= 6 M).
2. Runde: 2 fM in jede M der Vorrd häkeln (= 12 M).
3. Runde: 6 x [1 fM in die nächste M, 2 fM in die folg M] (= 18 M).
4. Runde: 6 x [je 1 fM in die nächsten 2 M, 2 fM in die nächste M] (= 24 M).
5.-7. Runde: 1 fM in jede M der Vorrd häkeln.
8. Runde: Je 1 fM in die nächsten 6 M, 6 x 2 fM zus abm, je 1 fM in die nächsten 6 M (= 18 M).
9. Runde: Je 1 fM in die nächsten 9 M, 2 fM zus abm, 7 fM (= 17 M).
Die Pfote mit Füllwatte ausstopfen und das Bein bis zur halben Höhe leicht mit Füllwatte füllen.
10.-28. Runde: 1 fM in jede M der Vorrd häkeln.
Die Oberkante flach drücken und mit Km zusammenhäkeln. Den Faden bis auf ein langes Ende zum Annähen am Körper abschneiden und sichern.

Herz

(nur für den großen Koala häkeln)
1. Runde: In Fb C ein Herz häkeln, wie auf Seite 34/35 beschrieben.

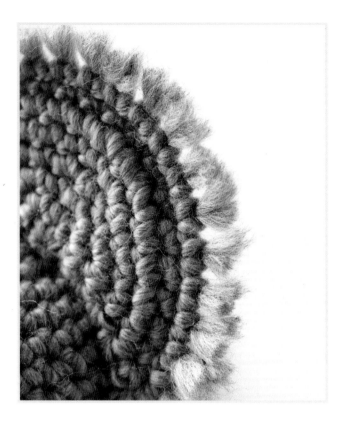

Fertigstellung

(für beide Koalas)
Allgemeine Hinweise zur Fertigstellung siehe Seite 28/29 und 31.
In Fb B 5 Rd oberhalb der Unterkante des Kopfes beginnend 4 vertikale Spannstiche über jeweils 5 Rd nebeneinander arb. Dann horizontale Stiche über die vertikalen Stiche arb und zuletzt oben und unten je einen einzelnen Stich oben und unten sowie an den Seiten arb, um die Nase einzurahmen.
In Fb B für jedes Auge 3 vertikale Spannstiche über die 10. und 11. Rd arb; die Augen sollten einen Abstand von ca. 2 M zueinander haben.
Die Ohren so am Kopf annähen, dass die Unterkante der Ohren etwa auf einer Linie mit der Mitte der Augen-Seitenkante und die Oberkante jedes Ohrs am Rand der 1. Rd in der Mitte des Oberkopfes ca. 6 Rd hinter der Seitenkante der Augen liegt.
18-20 Fadenstücke in Fb A von jeweils ca. 10 cm Länge zuschneiden. In jede M an der Außenkante der Ohren 1 Faden als Franse einknüpfen (siehe Schritt 2 auf Seite 55). Die Fäden auf die gewünschte Länge zurückschneiden.
Den Kopf auf die obere Öffnung des Körpers nähen und dabei gegebenenfalls Füllwatte nachstopfen, damit der Körper den Kopf auch wirklich trägt.
Die Vorderbeine ca. 2 Rd unterhalb des Halses rechts und links am Körper annähen. Die Hinterbeine rechts und links vom Anfangsfadenring horizontal an der Unterseite des Körpers annähen. Am Hinterteil des großen Koalas das Herz annähen.

EICHHÖRNCHEN KIELDER

Im Laufe der Jahre habe ich viel Zeit in Northumberland verbracht, und der Kielder Forest ist einer meiner Lieblingsorte dort. Er ist außerdem einer der wenigen Orte im Vereinigten Königreich, an dem man rote Eichhörnchen beobachten kann – schon allein deshalb musste ich eines davon in meiner Menagerie haben.

Kielder ist aus dem extradicken Merinogarn Cheeky Chunky gehäkelt.

SCHWIERIGKEITSGRAD: 🐰🐰

Größe: ca. 43 cm

MATERIAL & WERKZEUG

▸ **Cheeky Chunky** von Wool Couture
  (100 % Merinowolle; LL 130 m/200 g):
A	Zimtbraun,	600 g
B	Wollweiß,	20 g
C	Olivgrün,	20 g
D	Dunkelbraun,	20 g
E	Babyrosa,	20 g
F	Schwarz,	Rest
▸ Häkelnadel 8 mm
▸ 200 g Füllwatte
▸ Sticknadel ohne Spitze

Anleitung

Körper

1. Runde: In Fb A einen Fadenring arb und 6 fM in den Ring häkeln (= 6 M).

2. Runde: 2 fM in jede M der Vorrd häkeln (= 12 M).

3. Runde: 6 x [1 fM in die nächste M, 2 fM in die folg M] (= 18 M).

4. Runde: 6 x [je 1 fM in die nächsten 2 M, 2 fM in die nächste M] (= 24 M).

5. Runde: 6 x [je 1 fM in die nächsten 3 M, 2 fM in die nächste M] (= 30 M).

6. Runde: 6 x [je 1 fM in die nächsten 4 M, 2 fM in die nächste M] (= 36 M).

7. Runde: 6 x [je 1 fM in die nächsten 5 M, 2 fM in die nächste M] (= 42 M).

8. Runde: 6 x [je 1 fM in die nächsten 6 M, 2 fM in die nächste M] (= 48 M).

9. und 10. Runde: 1 fM in jede M der Vorrd häkeln.

11. Runde: 6 x [je 1 fM in die nächsten 7 M, 2 fM in die nächste M] (= 54 M).

12. und 13. Runde: 1 fM in jede M der Vorrd häkeln.

14. Runde: 6 x [je 1 fM in die nächsten 8 M, 2 fM in die nächste M] (= 60 M).

15.-20. Runde: 1 fM in jede M der Vorrd häkeln.

21. Runde: 6 x [je 1 fM in die nächsten 8 M, 2 fM zus abm] (= 54 M).

22. Runde: 1 fM in jede M der Vorrd häkeln.

Den Körper mit Füllwatte ausstopfen und im Laufe des Weiterhäkelns Watte nachstopfen.

23. Runde: 6 x [je 1 fM in die nächsten 7 M, 2 fM zus abm] (= 48 M).

24. Runde: 1 fM in jede M der Vorrd häkeln.

25. Runde: 6 x [je 1 fM in die nächsten 6 M, 2 fM zus abm] (= 42 M).

26.-29. Runde: 1 fM in jede M der Vorrd häkeln.

30. Runde: 6 x [je 1 fM in die nächsten 5 M, 2 fM zus abm] (= 36 M).

31. und 32. Runde: 1 fM in jede M der Vorrd häkeln.

33. Runde: 6 x [je 1 fM in die nächsten 4 M, 2 fM zus abm] (= 30 M).

Den Faden bis auf ein langes Fadenende zum Annähen des Kopfes abschneiden und sichern.

Kopf

1. Runde: In Fb B einen Fadenring arb und 6 fM in den Ring häkeln (= 6 M).

2. Runde: 3 x [1 fM in die nächste M, 2 fM in die folg M] (= 9 M).

3. Runde: 3 x [je 1 fM in die nächsten 2 M, 2 fM in die folg M] (= 12 M).

4. Runde: 3 x [je 1 fM in die nächsten 3 M, 2 fM in die nächste M], die letzten 2 Schlingen der letzten M bereits in Fb A abm (= 15 M).

5. Runde: 3 x [je 1 fM in die nächsten 4 M, 2 fM in die nächste M] (= 18 M).

6. Runde: 3 x [je 1 fM in die nächsten 5 M, 2 fM in die folg M] (= 21 M).

7. Runde: 3 x [je 1 fM in die nächsten 6 M, 2 fM in die folg M] (= 24 M).

8. Runde: 6 x [je 1 fM in die nächsten 3 M, 2 fM in die nächste M] (= 30 M).

9. Runde: 1 fM in jede M der Vorrd häkeln.

10. Runde: 6 x [je 1 fM in die nächsten 4 M, 2 fM in die nächste M] (= 36 M).

11. Runde: 6 x [je 1 fM in die nächsten 5 M, 2 fM in die nächste M] (= 42 M).

12. Runde: 1 fM in jede M der Vorrd häkeln.

13. Runde: 6 x [je 1 fM in die nächsten 6 M, 2 fM in die nächste M] (= 48 M).

14.-18. Runde: 1 fM in jede M der Vorrd häkeln.
Das Häkelteil während des Weiterarbeitens nach und nach mit Füllwatte ausstopfen.

19. Runde: 6 x [je 1 fM in die nächsten 6 M, 2 fM zus abm] (= 42 M).

20. Runde: 6 x [je 1 fM in die nächsten 5 M, 2 fM zus abm] (= 36 M).

21. Runde: 1 fM in jede M der Vorrd häkeln.

22. Runde: 6 x [je 1 fM in die nächsten 4 M, 2 fM zus abm] (= 30 M).

23. Runde: 6 x [je 1 fM in die nächsten 3 M, 2 fM zus abm] (= 24 M).

24. Runde: 6 x [je 1 fM in die nächsten 2 M, 2 fM zus abm] (= 18 M).

25. Runde: 6 x [1 fM in die nächste M, 2 fM zus abm] (= 12 M).

26. Runde: 6 x 2 fM zus abm (= 6 M).
Den Faden abschneiden und sichern. Das verbleibende Loch schließen.

Ohren (2 x arb)

1. Runde: In Fb A einen Fadenring arb und 4 fM in den Ring häkeln (= 4 M).
2. Runde: 1 fM in jede M der Vorrd häkeln.
3. Runde: 2 x [2 fM in die nächste M, 1 fM in die folg M] (= 6 M).
4. Runde: 2 x [2 fM in die nächste M, 1 fM in die folg M] (= 9 M).
5.-10. Runde: 1 fM in jede M der Vorrd häkeln.
Das Ohr nicht ausstopfen. Den Faden bis auf ein langes Fadenende zum Annähen am Kopf abschneiden und sichern.

Vorderbeine (2 x arb)

1. Runde: In Fb A einen Fadenring arb und 6 fM in den Ring häkeln (= 6 M).
2. Runde: 2 fM in jede M der Vorrd häkeln (= 12 M).
3.-6. Runde: 1 fM in jede M der Vorrd häkeln.
7. Runde: 4 x [1 fM in die nächste M, 2 fM zus abm] (= 8 M).
8.-12. Runde: 1 fM in jede M der Vorrd häkeln.
13. Runde: 2 x [je 1 fM in die nächsten 3 M, 2 fM in die nächste M] (= 10 M).
14. Runde: 1 fM in jede M der Vorrd häkeln.
15. Runde: 2 x [je 1 fM in die nächsten 4 M, 2 fM in die nächste M] (= 12 M).
16. und 17. Runde: 1 fM in jede M der Vorrd häkeln.
18. Runde: 2 x [je 1 fM in die nächsten 5 M, 2 fM in die nächste M] (= 14 M).
19. Runde: 1 fM in jede M der Vorrd häkeln.
20. Runde: 2 x [je 1 fM in die nächsten 6 M, 2 fM in die nächste M] (= 16 M).
21.-25. Runde: 1 fM in jede M der Vorrd häkeln.

Das Vorderbein nicht ausstopfen. Die Öffnung mit Km zuhäkeln. Den Faden bis auf ein langes Fadenende zum Annähen am Körper abschneiden und sichern.

Hinterbeine (2 x arb)

Wie die 1.-10. Rd der Vorderbeine häkeln.
Das Hinterbein nicht ausstopfen. Die Öffnung mit Km zuhäkeln. Den Faden bis auf ein langes Fadenende zum Annähen am Körper abschneiden und sichern.

Schwanz

1. Runde: In Fb A einen Fadenring arb und 6 fM in den Ring häkeln (= 6 M).

2. Runde: 3 x [1 fM in die nächste M, 2 fM in die nächste M] (= 9 M).

3. Runde: 3 x [je 1 fM in die nächsten 2 M, 2 fM in die nächste M] (= 12 M).

4. Runde: 4 x [je 1 fM in die nächsten 2 M, 2 fM in die nächste M] (= 16 M).

5. Runde: 2 x [je 1 fM in die nächsten 7 M, 2 fM in die nächste M] (= 18 M).

6. Runde: 1 fM in jede M der Vorrd häkeln.

7. Runde: 6 x [je 1 fM in die nächsten 2 M, 2 fM in die nächste M] (= 24 M).

8.–12. Runde: 1 fM in jede M der Vorrd häkeln (= 24 M). Nun mit dem Ausstopfen des Schwanzes beginnen. Die Füllwatte so stopfen, dass die 1.–8. Rd frei bleiben, aber alle folg Rd ausgestopft werden.

13. Runde: 6 x [je 1 fM in die nächsten 3 M, 2 fM in die nächste M] (= 30 M).

14.–21. Runde: 1 fM in jede M der Vorrd häkeln.

22. Runde: 6 x [je 1 fM in die nächsten 3 M, 2 fM zus abm] (= 24 M).

23. und 24. Runde: 1 fM in jede M der Vorrd häkeln.

25. Runde: 6 x [je 1 fM in die nächsten 2 M, 2 fM zus abm] (= 18 M).

26. Runde: Je 1 hStb in die nächsten 9 M, je 1 Km in die nächsten 9 M.

27. Runde: Je 1 hStb in die nächsten 9 M, 2 fM zus abm, je 1 Km in die nächsten 5 M, 2 fM zus abm (= 16 M).

28. und 29. Runde: Je 1 hStb in die nächsten 8 M, je 1 Km in die nächsten 8 M.

30. Runde: 4 x [je 1 fM in die nächsten 2 M, 2 fM zus abm] (= 12 M).

31. Runde: 1 Km in die nächste M, je 1 hStb in die nächsten 6 M, je 1 Km in die nächsten 5 M.

32. Runde: 1 Km in die nächste M, je 1 hStb in die nächsten 2 M, 2 fM zus abm, je 1 hStb in die nächsten 2 M, je 1 Km in die nächsten 5 M (= 11 M).

33. Runde: 1 fM in die nächste M, 3 x 2 fM zus abm, je 1 fM in die nächsten 4 M (= 8 M).

34. Runde: 1 fM in jede M der Vorrd häkeln.

Den Faden abschneiden und sichern. Das verbleibende Loch schließen.

Eichel

1. Runde: In Fb C einen Fadenring arb und 4 fM in den Ring häkeln (= 4 M).
2. Runde: 2 x [1 fM in die nächste M, 2 fM in die folg M] (= 6 M).
3. Runde: 2 x [je 1 fM in die nächsten 2 M, 2 fM in die nächste M] (= 8 M).
4. Runde: 1 fM in jede M der Vorrd häkeln.
5. Runde: 2 x [je 1 fM in die nächsten 2 M, 2 fM zus abm] (= 6 M).
Den Faden abschneiden und sichern. Die Eichel mit Füllwatte ausstopfen.

Eichelhütchen

In Fb D die 1.–3. Rd der Eichel arb.
4. Runde: 2 x [je 1 fM in die nächsten 3 M, 2 fM in die nächste M], die Rd mit 1 Km schließen (= 10 M).
Den Faden bis auf ein langes Fadenende abschneiden und sichern.

Herz

1. Runde: In Fb E ein Herz arb, wie auf Seite 34/35 beschrieben.

Fertigstellung

Allgemeine Hinweise zur Fertigstellung siehe Seite 28/29 und 31.
In Fb F direkt oberhalb des Fadenrings am Kopf beginnend eine dreieckige Nase mit einer vertikalen Linie darunter aufsticken. Ebenfalls in Fb B für jedes Auge 3 vertikale Spannstiche über die 11. und 12. Rd sticken; die Augen sollten einen Abstand von ca. 9 M zueinander haben.
Die Ohren 4 Rd hinter dem oberen Ende der Augen annähen (die Mitte der Ohren sollte jeweils ungefähr auf einer Linie mit den Augen liegen). Für jedes Ohr 2 Fäden in Fb A von jeweils 10 cm Länge abschneiden, als Fransen in die Ohrspitze einknüpfen (siehe Schritt 2 auf Seite 55) und zurückschneiden.
Den Kopf auf die obere Öffnung des Körpers nähen und dabei gegebenenfalls Füllwatte nachstopfen, damit der Körper den Kopf auch wirklich trägt. Die Vorderbeine vertikal ca. 2 Rd unterhalb des Halses seitlich am Körper annähen.
Die Hinterbeine so an der Unterseite des Körpers annähen, dass sie einander hinten berühren und die Zehen vorne herausschauen. In Fb D auf jeden Fuß 5 Spannstiche für die Zehen aufsticken. Eichel und Eichelhütchen aufeinandernähen und dabei gegebenenfalls noch etwas Füllwatte nachstopfen. Die Eichel zwischen die Vorderpfoten des Eichhörnchens nähen. Den Schwanz so am Hinterteil des Eichhörnchens annähen, dass der flache Teil (1.–8. Runde) unten anliegt und der gerundete obere Teil vom Rücken wegzeigt. Den Schwanz an der Basis und ein Stück weiter oben annähen, um ihn sicher zu fixieren. Das Herz am Hinterteil annähen.

DRACHE TITI

Unser Drache Titi ist unseren Investoren aus der BBC-Serie „Dragons' Den" gewidmet: Tej und Touker. Seit sie 2017 in Wool Couture investiert haben, haben sie uns geholfen, unser Unternehmen zu dem zu entwickeln, was es heute ist. Die beiden sind wahre Gentlemen, mit denen zu arbeiten Freude macht.

Titi ist aus dem superdicken Merinogarn Cheeky Chunky gehäkelt.

Anleitung

Körper

1. Runde: In Fb A einen Fadenring arb und 6 fM in den Ring häkeln (= 6 M).

2. Runde: 2 fM in jede M der Vorrd häkeln (= 12 M).

3. Runde: 6 x [1 fM in die nächste M, 2 fM in die folg M] (= 18 M).

4. Runde: 6 x [je 1 fM in die nächsten 2 M, 2 fM in die nächste M] (= 24 M).

5. Runde: 6 x [je 1 fM in die nächsten 3 M, 2 fM in die nächste M] (= 30 M).

6. Runde: 6 x [je 1 fM in die nächsten 4 M, 2 fM in die nächste M] (= 36 M).

7. Runde: 6 x [je 1 fM in die nächsten 5 M, 2 fM in die nächste M] (= 42 M).

8. Runde: 6 x [je 1 fM in die nächsten 6 M, 2 fM in die nächste M] (= 48 M).

9. Runde: 6 x [je 1 fM in die nächsten 7 M, 2 fM in die nächste M] (= 54 M).

10. Runde: 6 x [je 1 fM in die nächsten 8 M, 2 fM in die nächste M] (= 60 M).

11.-15. Runde: 1 fM in jede M der Vorrd häkeln.

16. Runde: 6 x [je 1 fM in die nächsten 8 M, 2 fM zus abm] (= 54 M).

17. und 18. Runde: 1 fM in jede M der Vorrd häkeln.

19. Runde: 6 x [je 1 fM in die nächsten 7 M, 2 fM zus abm] (= 48 M).

20. und 21. Runde: 1 fM in jede M der Vorrd häkeln.

22. Runde: 6 x [je 1 fM in die nächsten 6 M, 2 fM zus abm] (= 42 M).

23.-26. Runde: 1 fM in jede M der Vorrd häkeln (= 42 M).

27. Runde: 6 x [je 1 fM in die nächsten 5 M, 2 fM zus abm] (= 36 M).

28.-30. Runde: 1 fM in jede M der Vorrd häkeln.

31. Runde: 6 x [je 1 fM in die nächsten 4 M, 2 fM zus abm] (= 30 M).

32. Runde: 1 fM in jede M der Vorrd häkeln.

33. Runde: 6 x [je 1 fM in die nächsten 3 M, 2 fM zus abm] (= 24 M).

34. Runde: 1 fM in jede M der Vorrd häkeln; die Rd mit 1 Km schließen.

Den Körper mit Füllwatte ausstopfen.

Den Faden bis auf ein langes Fadenende zum Annähen des Kopfes abschneiden und sichern.

SCHWIERIGKEITSGRAD: 🐰🐰

Größe: ca. 70 cm

MATERIAL & WERKZEUG

▸ **Cheeky Chunky** von Wool Couture (100 % Merinowolle; LL 130 m/200 g):

A	Blaugrün,	600 g
B	Petrol,	200 g
C	Babyrosa,	20 g
D	Schwarz,	Rest

▸ Häkelnadel 8 mm
▸ 230 g Füllwatte
▸ Maschenmarkierer
▸ Sticknadel ohne Spitze

BESONDERE MASCHEN

Pikot: 2 Lm, 1 Km in die 2. Lm von der Häkelnd aus. Noppe, siehe Seite 25.

Kopf

1. Runde: In Fb A einen Fadenring arb und 6 fM in den Ring häkeln (= 6 M).

2. Runde: 2 fM in jede M der Vorrd häkeln (= 12 M).

3. Runde: 6 x [1 fM in die nächste M, 2 fM in die folg M] (= 18 M).

4. Runde: 6 x [je 1 fM in die nächsten 2 M, 2 fM in die nächste M] (= 24 M).

5.-7. Runde: 1 fM in jede M der Vorrd häkeln.

8. Runde: 4 x [je 1 fM in die nächsten 4 M, 2 fM zus abm] (= 20 M).

9. Runde: 4 x [je 1 fM in die nächsten 3 M, 2 fM zus abm] (= 16 M).

10. Runde: 4 x [je 1 fM in die nächsten 3 M, 2 fM in die folg M] (= 20 M).

11. Runde: 4 x [je 1 fM in die nächsten 4 fM, 2 fM in die nächste M] (= 24 M).

12. Runde: 6 x [je 1 fM in die nächsten 3 M, 2 fM in die nächste M] (= 30 M).

13. Runde: 6 x [je 1 fM in die nächsten 4 M, 2 fM in die nächste M] (= 36 M).

14. Runde: Je 1 fM in die nächsten 6 M, 1 MM oder einen kontrastfarbenen Faden einhängen, um die Unterseite des Kopfes zu markieren, 5 x [je 1 fM in die nächsten 5 M, 2 fM in die nächste M] (= 41 M).

15. Runde: Je 1 fM in die nächsten 6 M, 5 x [je 1 fM in die nächsten 6 M, 2 fM in die nächste M] (= 46 M).

16. Runde: 1 fM in jede M der Vorrd häkeln.

17. Runde: Je 1 fM in die nächsten 6 M, 5 x [je 1 fM in die nächsten 7 M, 2 fM in die nächste M] (= 51 M).

18.-21. Runde: 1 fM in jede M der Vorrd häkeln.

22. Runde: 6 x [je 1 fM in die nächsten 6 M, 2 fM zus abm], 3 fM (= 45 M).

23. Runde: 3 x [2 fM zus abm, je 1 fM in die nächsten 13 M] (= 42 M).

24. Runde: 6 x [je 1 fM in die nächsten 5 M, 2 fM zus abm] (= 36 M).

25. Runde: 6 x [je 1 fM in die nächsten 4 M, 2 fM zus abm] (= 30 M).

Das Häkelteil während des Weiterarbeitens nach und nach mit Füllwatte ausstopfen.

26. Runde: 6 x [je 1 fM in die nächsten 3 M, 2 fM zus abm] (= 24 M).

27. Runde: 6 x [je 1 fM in die nächsten 2 M, 2 fM zus abm] (= 18 M).

28. Runde: 6 x [1 fM in die nächste M, 2 fM zus abm] (= 12 M).

29. Runde: 6 x 2 fM zus abm (= 6 M).

Den Faden abschneiden und sichern. Das verbleibende Loch schließen.

Nüstern (2 x arb)

1. Runde: In Fb B einen Fadenring arb und 6 fM in den Ring häkeln (= 6 M).
Den Faden bis auf ein langes Fadenende zum Annähen am Kopf abschneiden und sichern.

Linkes Ohr

1. Reihe: In Fb B 10 Lm anschl. Je 1 fM in die 2. und jede folg Lm; mit 1 Lm wenden (= 9 M).
Von nun an nur unter den hMg jeder M einstechen:
2. Reihe: Je 1 fM in die ersten 7 M, 2 fM zus abm; mit 1 Lm wenden (= 8 M).
3. Reihe: 2 fM zus abm, je 1 fM in die nächsten 6 M; mit 1 Lm wenden (= 7 M).
4. Reihe: Je 1 fM in die ersten 5 M, 2 fM zus abm; mit 1 Lm wenden (= 6 M).
5. Reihe: 2 fM zus abm, 4 fM; mit 1 Lm wenden (= 5 M).
6. Reihe: Je 1 fM in die ersten 3 M, 2 fM zus abm; mit 1 Lm wenden (= 4 M).
7. Reihe: 2 fM zus abm, 2 fM (= 3 M).
Den Faden bis auf ein langes Fadenende abschneiden und sichern.

Rechtes Ohr

1. Reihe: In Fb B 4 Lm anschl. Je 1 fM in die 2. Lm von der Häkelnd aus und in die nächsten 2 Lm; mit 1 Lm wenden (= 3 M).
Von nun an nur unter den hMg jeder M einstechen:
2. Reihe: Je 1 fM in die ersten 2 M, 2 fM in die nächste M; mit 1 Lm wenden (= 4 M).
3. Reihe: 2 fM in die 1. M, je 1 fM in die nächsten 3 M; mit 1 Lm wenden (= 5 M).
4. Reihe: Je 1 fM in die ersten 4 M, 2 fM in die nächste M; mit 1 Lm wenden (= 6 M).
5. Reihe: 2 fM in die 1. M, 5 fM; mit 1 Lm wenden (= 7 M).
6. Reihe: Je 1 fM in die ersten 6 M, 2 fM in die nächste M; mit 1 Lm wenden (= 8 M).
7. Reihe: 2 fM in die 1. M, 7 fM (= 9 M).
Den Faden bis auf ein langes Fadenende abschneiden und sichern.

Schwanz

1. Runde: In Fb A einen Fadenring arb und 6 fM in den Ring häkeln (= 6 M).
2. Runde: 2 x [2 fM in die nächste M, je 1 fM in die nächsten 2 M] (= 8 M).
3. Runde: 1 fM in jede M der Vorrd häkeln.
4. Runde: Je 2 fM in die nächsten 2 M, je 1 fM in die nächsten 6 M (= 10 M).
5. Runde: 1 fM in jede M der Vorrd häkeln.
6. Runde: 2 fM, je 2 fM in die nächsten 2 M, je 1 fM in die nächsten 6 M (= 12 M).
7. Runde: 1 fM in jede M der Vorrd häkeln.
8. Runde: Je 1 fM in die nächsten 3 M, je 2 fM in die nächsten 3 M, je 1 fM in die nächsten 6 M (= 15 M).
9. Runde: 1 fM in jede M der Vorrd häkeln.
10. Runde: Je 1 fM in die nächsten 5 M, je 2 fM in die nächsten 3 M, je 1 fM in die nächsten 7 M (= 18 M).
11. Runde: 1 fM in jede M der Vorrd häkeln.
12. Runde: Je 1 fM in die nächsten 7 M, je 2 fM in die nächsten 3 M, je 1 fM in die nächsten 8 M (= 21 M).
13. Runde: 1 fM in jede M der Vorrd häkeln.
Von nun an den Schwanz nach und nach mit Füllwatte ausstopfen.
14. Runde: Je 1 fM in die nächsten 9 M, je 2 fM in die nächsten 3 M, je 1 fM in die nächsten 9 M (= 24 M).
15. Runde: 1 fM in jede M der Vorrd häkeln.
16. Runde: Je 1 fM in die nächsten 11 M, je 2 fM in die nächsten 3 M, je 1 fM in die nächsten 10 M (= 27 M).
17. Runde: 1 fM in jede M der Vorrd häkeln.
18. Runde: 9 x [je 1 fM in die nächsten 2 M, 2 fM in die nächste M], die Rd mit 1 Km schließen (= 36 M).
Den Faden bis auf ein langes Fadenende zum Annähen am Körper abschneiden und sichern.

Rückenzacken

1. Reihe: In Fb B 54 Lm anschl. 1 Km in die 2. Lm von der Häkelnd aus, dann die Lm-Kette entlang weiterhäkeln wie folgt: 1 hStb, [1 Stb, 1 Pikot, 1 Stb] in die nächste M, 1 hStb, * 1 Km, 1 hStb, [1 Stb, 1 Pikot, 1 Stb] in die nächste M, 1 hStb; ab * noch 11 x wdh, 1 Km (= 13 Zacken).

Vorderbeine (2 x arb)

1. Runde: In Fb B einen Fadenring arb und 6 fM in den Ring häkeln (= 6 M).
2. Runde: 2 fM in jede M der Vorrd häkeln (= 12 M).
3. Runde: 6 x [1 fM in die nächste M, 2 fM in die folg M] (= 18 M).
4. Runde: 4 x [1 Noppe, 1 fM in die nächste M], 10 fM, die letzten 2 Schlingen der letzten M bereits in Fb A abm.
In Fb A weiterhäkeln wie folgt:
5. Runde: 1 fM in jede M der Vorrd häkeln.
Die Pfote mit Füllwatte ausstopfen und das Bein bis zur halben Höhe leicht mit Füllwatte füllen.
6. Runde: 4 x 2 fM zus abm, je 1 fM in die nächsten 10 M (= 14 M).
7.–22. Runde: 1 fM in jede M der Vorrd häkeln.
Die Oberkante flach drücken und mit Km zusammenhäkeln. Den Faden bis auf ein langes Ende zum Annähen am Körper abschneiden und sichern.

Hinterbeine (2 x arb)

1. Runde: In Fb B einen Fadenring arb und 6 fM in den Ring häkeln (= 6 M).
2. Runde: 2 fM in jede M der Vorrd häkeln (= 12 M).
3. Runde: 6 x [1 fM in die nächste M, 2 fM in die folg M] (= 18 M).
4. Runde: 6 x [je 1 fM in die nächsten 2 M, 2 fM in die nächste M] (= 24 M).
5. Runde: 5 x [1 Noppe, 1 fM in die nächste M], je 1 fM in die nächsten 14 M, die letzten 2 Schlingen der letzten M bereits in Fb A abm.
In Fb A weiterhäkeln wie folgt:
6. und 7. Runde: 1 fM in jede M der Vorrd häkeln.
Die Pfote mit Füllwatte ausstopfen und das Bein bis zur halben Höhe leicht mit Füllwatte füllen.
8. Runde: 4 x [je 1 fM in die nächsten 4 M, 2 fM zus abm] (= 20 M).
9. Runde: 4 x [je 1 fM in die nächsten 3 M, 2 fM zus abm] (= 16 M).
10.–30. Runde: 1 fM in jede M der Vorrd häkeln.
Die Oberkante flach drücken und mit Km zusammenhäkeln. Den Faden bis auf ein langes Ende zum Annähen am Körper abschneiden und sichern.

Linker Flügel

1. Reihe: In Fb B 16 Lm anschl. Je 1 fM in die 2. Lm von der Häkelnd aus und in die nächsten 14 Lm; mit 1 Lm wenden (= 15 M).

Von nun an nur unter dem hMg jeder M einstechen und weiterhäkeln wie folgt:

2. Reihe: 13 fM, 2 fM zus abm; mit 1 Lm wenden (= 14 M).
3. Reihe: 2 fM zus abm, 12 fM; mit 1 Lm wenden (= 13 M).
4. Reihe: 11 fM, 2 fM zus abm; mit 1 Lm wenden (= 12 M).
5. Reihe: 2 fM zus abm, 10 fM; mit 1 Lm wenden (= 11 M).
6. Reihe: 9 fM, 2 fM zus abm; mit 1 Lm wenden (= 10 M).
7. Reihe: 2 fM zus abm, 8 fM; mit 1 Lm wenden (= 9 M).
8. Reihe: 7 fM, 2 fM zus abm; mit 1 Lm wenden (= 8 M).
9. Reihe: 2 fM zus abm, 6 fM; mit 1 Lm wenden (= 7 M).
10. Reihe: 5 fM, 2 fM zus abm; mit 1 Lm wenden (= 6 M).
11. Reihe: 2 fM zus abm, 4 fM; mit 1 Lm wenden (= 5 M).
12. Reihe: 3 fM, 2 fM zus abm; mit 1 Lm wenden (= 4 M).
13. Reihe: 2 fM zus abm, 2 fM (= 3 M).

Den Faden bis auf ein langes Fadenende abschneiden und sichern.

Rechter Flügel

1. Reihe: In Fb B 4 Lm anschl. Je 1 fM in die 2. Lm von der Häkelnd aus und in die nächsten 2 Lm; mit 1 Lm wenden (= 3 M).

Von nun an nur unter dem hMg jeder M einstechen und weiterhäkeln wie folgt:

2. Reihe: 2 fM, 2 fM in die nächste M; mit 1 Lm wenden (= 4 M).

3. Reihe: 2 fM in die nächste M, 3 fM; mit 1 Lm wenden (= 5 M).
4. Reihe: 4 fM, 2 fM in die nächste M; mit 1 Lm wenden (= 6 M).
5. Reihe: 2 fM in die nächste M, 5 fM; mit 1 Lm wenden (= 7 M).
6. Reihe: 6 fM, 2 fM in die nächste M; mit 1 Lm wenden (= 8 M).
7. Reihe: 2 fM in die nächste M, 7 fM; mit 1 Lm wenden (= 9 M).
8. Reihe: 8 fM, 2 fM in die nächste M; mit 1 Lm wenden (= 10 M).
9. Reihe: 2 fM in die nächste M, 9 fM; mit 1 Lm wenden (= 11 M).
10. Reihe: 10 fM, 2 fM in die nächste M; mit 1 Lm wenden (= 12 M).
11. Reihe: 2 fM in die nächste M, 11 fM; mit 1 Lm wenden (= 13 M).
12. Reihe: 12 fM, 2 fM in die nächste M; mit 1 Lm wenden (= 14 M).
13. Reihe: 2 fM in die nächste M, 13 fM (= 15 M).

Den Faden bis auf ein langes Fadenende abschneiden und sichern.

Herz

1. Runde: In Fb C ein Herz häkeln, wie auf Seite 34/35 beschrieben.

Fertigstellung

Allgemeine Hinweise zur Fertigstellung siehe Seite 28/29 und 31.

Die Nüstern im Abstand von ca. 3 M auf die 3.–5. Rd der Schnauze nähen. In Fb D für jedes Auge 3 vertikale Spannstiche über die 14. und 15. Rd sticken; die Augen sollten einen Abstand von ca. 7 M haben. Die Unterkante jedes Ohrs mit Vorstichen einreihen, den Reihfaden anziehen und verknoten, um ihn zu sichern. Mit dem jeweiligen Fadenende die Ohren 4 Rd hinter den Augen mit der Oberkante 2 M unter dem oberen Ende der Augen seitlich am Kopf annähen.

Den Kopf auf die obere Öffnung des Körpers nähen und dabei gegebenenfalls Füllwatte nachstopfen, damit der Körper den Kopf auch wirklich trägt. Die Vorderbeine ca. 2 Rd unterhalb des Halses rechts und links am Körper annähen. Die Hinterbeine rechts und links vom Anfangsfadenring horizontal an der Unterseite des Körpers annähen. Den Schwanz am Hinterteil des Drachens annähen. Die Rückenzacken von der Schwanzspitze bis zum Oberkopf annähen. Das Herz am Hinterteil annähen.